U0688331

政协委员讲辽宁故事

政协委员 讲 辽宁故事

ZHENGXIE WEIYUAN JIANG LIAONING GUSHI

本书编委会　编

中国文史出版社

编 委 会

主　　任：王德佳

副 主 任：韩文华

成　　员：赵连生　孙志浩　李晓多　杨春烨

编 写 组

执行主编：杨春烨　陈　政

编　　辑：马　一　洪　曦　高　威　宋宏梁
　　　　　徐向南　贾明达

序　言

　　我因工作与辽宁结缘，随着身份和视角的变化，对辽宁有了更深的认识。近三年时间，我听到鲜活的转型案例，看到呈现的向好态势，为黑土地的独特生命力而感叹——这里不仅蕴藏着巨大的潜能，这里还将写就崭新的故事。

　　"讲好'辽宁故事'，展示良好发展预期"界别组活动正是在这样的背景下启动。这既是落实省委要求，发挥政协平台优势，以委员良好言行引导社会对辽宁良好预期的工作创新，也是贯彻汪洋主席提出的广泛凝聚共识，发挥界别作用、扩大团结面的有益尝试。

　　行动有力，故事才有彩。全省三级政协在活动中挖掘、总结出一个个真实饱满、生动感人的故事，展现出联动履职、凝心聚力、开拓创新、积极向上的精神风貌。随着故事的陆续刊出，越来越多的人发现了辽宁之美，见证了辽宁之变，感受了辽宁之好，一些故事的阅读量超过万次，成为社会关注、讨论的热点。故事中人物的事迹在各媒体平台传播后，成为自带流量的新网红。

　　小中见大。办事方便的诸多小故事，体现出辽宁市场主体数量和结构的变化，折射出营商环境持续向好的趋势。打工人的创业故事，展现了外乡人和企业与辽宁振兴发展同频共进的励志经历，告诉人们城市、人才、企业、环境在彼此共生中可以成就更好的未来。

　　难作于易。从1980年至今的40多年，辽宁建立了101个自然保护区，形成功能完备、布局合理、类型齐全的自然保护区体系。有了几代人为不负青山所做的努力，才有了青山不负人的增璞增绿。位于彰武县章古台镇的省固沙造林研究所，通过接力传承，创造了万亩松涛的人间奇迹；阿尔乡镇北甸子村的老支书董福财带领乡亲们坚持种树 20 多年，筑起了一道治沙的绿色屏障。

行成于思。将加工公差定格在发丝直径十分之一的"文墨精度"、将中国载人深潜记录提升到 10909 米的奋斗者号，沈飞集团的钳工方文墨和中科院沈阳自动化研究所的"海人"团队在工作中开拓思维、总结经验，为实现几代中国人"可上九天揽月，可下五洋捉鳖"的梦想而贡献自己的力量。

书中收录的 100 个故事中，还有奋斗者的故事、转型者的故事、开拓者的故事。他们中的主人公，就是我们在日常生活中随处可见的平凡人。但正是这样一个个有进取、有担当、有奉献的平凡人，在辽宁这片热土挥洒汗水、付出智慧，令我们的辽宁变得更美、更好。

"讲好'辽宁故事'，展示良好发展预期"界别组活动还在继续……这次有益的尝试，燃起了辽宁人热爱家乡的动力热情，再现了辽宁人奋勇图强的踏实勤勉，展示了辽宁振兴发展的广阔未来。今后，辽宁省政协将持续、深入推进活动，将其打造成为有社会影响力的政协特色品牌。

振兴发展的辽宁故事和履职尽责的政协故事也将继续。希望每一位读者都能通过本书了解辽宁、关注辽宁。希望更多的人来辽宁旅游观光、投资兴业。希望广大政协委员充分发挥自身优势，为辽宁全面振兴、全方位振兴贡献智慧和力量。希望辽宁人从书中汲取奋发的精神和前行的动力，成为各自地区、行业故事的新主角。

辽宁省政协党组书记、主席

周海

2022 年 1 月

目 录 CONTENTS

大数据里的小报表

史凤友

坊间传说"投资不过山海关"，但我不这么认为，担任省市场监督管理局局长多年，我对辽宁市场变化和营商环境了然于胸，我的脑海里长期活跃着几个小报表。

市场主体数量和结构是营商环境的"晴雨表"。到 2021 年 8 月，辽宁省实有市场主体总量达 421.36 万户，其中企业 111.08 万户，比 2018 年增长了 1.29 倍；三年来，全省新增市场主体呈逐年增多趋势，总共增加 196.84 万户，日均新增 1798 户，仅 2021 年上半年就新增 32 万户，同比增长 15.02%。量变的同时也在发生质变。全省企业和个体工商户第一产业占比 3.76%，第二产业占比 10.02%，第三产业占比 86.22%。其中，科学研究和技术服务类企业达到 9.88 万户，是 2018 年同期的 1.79 倍；信息传输、软件和信息技术服务类企业达到 5.42 万户，是 2018 年同期的 1.16 倍；文化、体育和娱乐类企业达到 2.11 万户，是 2018 年同期的 1.75 倍。

表中的数字很枯燥，可我看到的是市场稳中向好的趋势，我梳理了营商环境"对照表"。"证照分离"改革后，每笔业务的法定审批时限平均节约时间成本 17 天以上，压缩审批时间 70% 以上，涉企

"一网通办"率达90%以上。行政许可审批"减时限"每项事项平均减少75.26%，"减材料"平均减少24.83%，"减环节"平均办理环节为3.45项，"减次数"群众到办事地点最多跑1次。

市场监管局应该怎样"管"？我认为最主要的任务就是做好制度建设，创造公平公正的市场环境：配合省人大出台了《辽宁省电梯安全管理条例》，破解电梯安全监管难题；出台《辽宁省知识产权保护条例》，加大知识产权保护力度；开展公平竞争审查，梳理存量政策措施9.1万件，废止、修改了94件妨碍统一市场和公平竞争的政策措施；建立信用修复制度，帮助2.7万户企业完成信用修复，起死回生，重返市场。

市场经济的基本规则是公平竞争、适者生存，谋大局、讲信用的企业可以创造辉煌；经营不善、亏本倒闭的企业则黯然离场，这是市场常态。我在自己的"履职表"上写道：营商环境没有最好，只有更好。企业要发展，需要营商环境的不断优化，也离不开企业自身的不断调整和对环境的及时适应。良好的营商环境和奋发的优质企业，才是市场繁荣发展的双轮两翼，才能互相成就，共同创造美好的未来。

（作者系辽宁省政协委员，省市场监督管理局原党组书记、局长）

"口袋公园"与"政协智慧"

王笑柳

城市建筑用地久拆不建，是近几年营口城市环境整治的难点之一，市委市政府希望市政协发挥专门协商机构作用，提出切实可行的意见建议。

党委有部署，政协有行动。市政协组织委员深入实地开展调研，了解群众的意见和诉求，向市委市政府报送了《关于"拆围造绿"惠民利民的建议》，市委主要领导做出批示，将建议纳入城市环境整治任务之中，责成市有关部门限期解决。2020年，市政府"拆围造绿"25.4万平方米，14万平方米的荒芜土地变身绿地广场和微型公园。

建议产生了实效，协商也随之"提档升级"。2021年初，市政府希望市政协和广大政协委员继续围绕城市增绿工作奉献真知灼见，助力打造老百姓的家边公园，最大程度地方便群众休憩游玩。春节前夕，市政协组织62名委员，分成6个调研组，在相关部门的支持与配合下，带着地图、测距仪、摄录设备，在猎猎寒风中分赴主城区主街主路、社区街角勘测调研。仅仅10天，就形成并报送了《关于建设主城区口袋公园，提升市民幸福指数的建议》，辅以5张航拍图、48张选址照片，初步厘清了建设地点、面积、适宜功能和周围

环境特点，针对主城区建设口袋公园中存在的缺乏规划、分布不均、总量较小、缺少设计、土地利用、资金筹集等问题提出可操作性建议。市政府充分吸纳相关建议，将口袋公园建设补充到2021年度民生实事之中，决定年内建成100个"口袋公园"。4月份，一个个口袋公园开工建设。

口袋公园在建，老百姓在盼——是不是我们想要的公园？能不能是长久的公园？回应市民关心关切，畅通群众提出意见的渠道，市政协召开了"大家来协商——助力口袋公园建设"座谈会，政协委员与社区群众一道，与市政府相关部门进行面对面专题协商。大家竞相发言，各抒己见，"建设风格应与周边环境相匹配，增加锚设计小品，体现营口渔业文化，增加营口历史和文化元素""应体现营口乐器之城特点，选择适宜点位，设立提琴或钢琴小品，展示营口特色文化""应面向全市征集口袋公园名称，让市民增加参与感、获得感""设计应以人为本，尽量贴合市民需求""应兼顾停车功能，力争实现300米见绿、500米见园""建成后应做好监管维护，避免重建轻管、只建不管"……一条条有温度、有灵感、有创意的建议启发了设计者，感动了建设者，市政协《关于口袋公园建设中应注意的几个问题》，以社情民意信息"直通车"形式报送市委市政府，市委主要领导立即批示有关部门充分吸纳落实。

功夫不负有心人。在全国人民共同庆祝中国共产党成立100周年之际，总面积约10万平方米的100个口袋公园全部竣工。出门就能进公园，转角就能看见绿；街头小景展现城市文化，规划车位缓解城市顽疾；运动场地迸发青春活力，亲子元素和游艺功能收获孩子们的欢声笑语……在浓浓的人间烟火气息中，市民的生活在变，这座城市在变。

口袋公园虽然不大，却集社交、游乐、健身等功能于一体，在寸土寸金的城市空间中满足居民多样化需求，既是城市建设的"面子"，也是群众生活的"里子"。谈起这些"家边公园""亲民公园"，政府有关部门同志深有感触地说："'口袋公园'里装满了'政协智慧'。"参与建言献策的委员们说："建言资政和凝聚共识双向发力，这是一次人民政协协商民主作用的生动实践。"

（作者系辽宁省政协委员，营口市政协党组书记、主席）

营商环境就是我们自己

陈日新

我担任朝阳市政协委员已经两届了，本职工作是朝阳市通信管理办公室主任。履职过程中，我深刻体会到一名政协委员的责任与担当，尤其是对于优化营商环境来说，更需要我们每一个人的努力。

打造办事方便的营商环境，需要紧跟时代步伐，早走一步，把步子走实。随着互联网技术的发展，朝阳市旅游智能化需求越来越大。适应这一趋势，2017年，我带领电信团队配合市政府制订了"旅游一卡通"年票优惠方案，协调朝阳电信公司免费建设服务平台，为朝阳"旅游一卡通"提供技术支持和设备保障，通过年卡验证、会员管理、深度营销、大数据分析等一系列创新功能，在为广大市民带来极大的优惠与便利的同时，推动朝阳"旅游一卡通"在智慧旅游领域的创新和高质量发展。

营造良好的营商环境需要我们每一个人立足岗位，优化服务效能。2019年9月，我们从百姓的真正需求出发，牵头组织朝阳市四家通信运营企业签订行业自律书，出台了《朝阳市小区宽带接入管理办法》，在全省率先实现了四家通信运营企业平等接入小区宽带，让百姓真正拥有了宽带接入的自由选择权。这一"朝阳经验""朝阳做法"得到了省通信管理局的充分肯定，迅速在全省进行普及和推广，为营造良好通信营商环境，提高通信行业的服务效能提出"金点子"。

持续优化营商环境，离不开作风建设。为打通"携号转网"堵点，真正实现用户"携得了""转得快""用得好"，切实维护好客户利益，我们建立了行风建设监管模式，牵头成立市通信行业市场督察小组，及时掌握各运营商工作动态，形成互相监督，促进行风建设，树立良好行业形象。2020年，分别向省、市提交了"关于尽快落实通信报装和通信接入纳入工程建设项目审批制度并行流程的建议"的提案，建议政府将通信报装服务纳入工程建设项目审批制度中，其中入驻审批大厅、介入联审联验和优化通信在网上工改系统程序等建议得到了省市两级的重视和采纳，通信行业与水、电、气等市政公用服务项目共同入驻政务服务大厅，实施统一规范管理，实现了"一站式"便捷服务。省通信管理局采纳朝阳管理模式成功做法，对工改系统网上报装工作纳入日常督导和年终评价体系，促进了全省通信报装工作的深入开展。

营商环境就是我们自己。我是土生土长的朝阳人，在不同的岗位上，每一个像我一样的普通人用自己的"岗位故事"写就朝阳的"营商故事"，叙写出朝阳美好的明天。

（作者系朝阳市政协委员、朝阳市通信管理办公室主任）

盛京"铜心"

滕贞甫

如今许多人不知沈阳城曾经有一处"铜心"。若在街上询问行人，几乎所有人都会摇头。我也是在辽宁省政协组织的调研中有缘结识了省政协委员石洪祥，听他讲述了石家三代铜匠与铜结缘的坎坷经历，才明白了沈阳城曾经的"铜心""铁胆"，为此创作了小说《铜行里》。

任何一座城市都是有原点的。原点是城市最早的胚胎，有的是

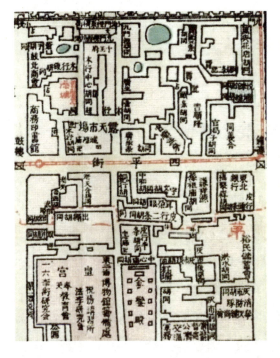

集市，有的是路口，有的是码头，还有的是几户土著。盛京城的原点是始建于明洪武二十一年的中心庙。这是一座袖珍小庙，内祀关帝。虽小，却不乏古朴敦厚，像一个精致的盆景安放在城市的心口处。中心庙与中卫城属同期建筑，比努尔哈赤营建的盛京故宫早两百多年。走过中心庙旁一个废弃的大市场，我发现了一座写有"铜行胡同"的牌坊，因为只有孤零零一座牌坊，我便对这个胡同产生了兴趣，于是查阅相关资料，做了一些调查考证。结果我发现，这个被称为铜行里的铜行胡同才是真正的城之心。据说当年后金四贝勒皇太极登基后，下令把城内外制作铜器的店铺均集中于内城中心，形成了一条铜行胡同，又将分散市井的铁匠铺置于城垣四周，由此赋予了盛京城所谓的"铜心""铁胆"，从胡同里众多铜器店的品牌和工艺看，这里无疑是盛京工匠精神之滥觞。

近代历史告诉人们，国家强盛离不开制造业，而制造业是靠工匠之手托起来的，即或在今天，如果没有大国工匠去制作，那些高科技设计也只能晒在图纸上。《考工记》有这样几句话："知得创物，巧者述之守之，世谓之工。百工之事，皆圣人之作也。"把百工之事与圣人联系起来，这是古人重视工匠的最高体现。然而，技艺再精湛的工匠也离不开时代的时和势，国势强，工匠自然能够梦想成真；国力衰，铜行里的铜匠连一口大火锅都打不成。工匠命运是时代风云际会的缩影，这一点，从石家三代铜匠的梦成与梦碎中得到了佐证。

交人交心，如果把一座城当作一个人来处，交心就成了一道必解的方程，城之心是热是冷，

是金属锻制还是陶土烧成总要弄个明白，否则两不搭界，就会成为陌路过客。一座具有工匠情怀的城市，铜行里铜匠们的"铜心"蕴含着工匠精神的密码，这些都能从一条尘封的胡同深处找到答案。浮雕墙上99个人物的共同点是具铜心、通铜性、有铜缘，他们用铜心一环扣一环组成了一个百年链条，最终体现在乘风破浪的"辽宁号"航母上。当红色的帷幕徐徐拉开时，浮雕墙上呈现的既是一份出自工匠之手的珍贵献礼，又是颗颗共同缔造的不锈铜心。

（作者系辽宁省政协委员，省作协党组书记、主席）

社区邻里那些事儿

张顺成

远亲不如近邻，和谐的邻里关系是基层社会治理的目标之一，也是社区治理的最难之处。沈阳市沈河区政协坚持开展"协商在社区"活动，聚焦群众最急最忧最盼的问题，通过走进社区、深入家庭，及时了解群众诉求，推动解决许多民生难题。

在中共沈河区委领导下，我们制定了关于开展"协商在社区"制度建设的实施意见，按平均原则，将200多名委员分至各街道地区活动组，与群众"面对面"协商，更好地发挥有事多商量、遇事多商量、做事多商量制度优势，不断增强人民群众的获得感、幸福感和安全感。

在南塔街道，居民最心烦的问题有3个：顶楼漏雨、树木虫害和甬路破损。委员们多次进社区实地走访，了解掌握具体情况，发挥专业特长，从建筑专业和法律角度耐心说明漏雨墙体长毛的原因、启动维修基金的相关法定程序，让居民在明白问题如何解决的同时，对街道、社区工作多了几分理解。针对问题，委员们以提案方式向区委和区政府提出了解决的建议并跟踪落实，如今南塔社区的楼顶和墙体维修、文荟社区的甬路修复和路灯设置已基本完成，部分委员还主动出资或协调爱心企业解决了树木虫害问题，赢得了社区群

众发自内心的信任和赞誉。

在万莲街道，众多老旧小区存在"院老、房老、设施老、生活环境差"问题，委员们兵分三路，成立协商共治小组，在深入调研基础上，确定"破解小区环境卫生难题"为协商议题，形成构建居民、社区、环卫企业、物业企业"四位一体"老旧小区环境卫生治理体系的工作思路。协商会上，委员或直面问题提出解决方案，或着眼长远发展提出建议，为研究制定《万莲街道小区环境卫生公约》贡献智慧。《公约》形成后，万莲街道选定的试点小区"四位一体"工作体系顺畅运行，在实践中验证了《公约》的生命力和可行性，赢得了小区居民的称赞。

在协商过程中，会场和现场相结合，不设主席台和发言席，充分发言、讨论、提问、解答、辩论，在热烈的氛围中推动问题的解决。对群众提出的问题，经协商能解决的，积极促进解决；对暂时不能解决的，做好宣传政策、解释说明；对持不同意见的群众，及时做好理顺情绪、化解矛盾工作；对群众反映的全局性苗头性问题、建设性意见和可操作性建议，形成专题协商报告报送区委、区政府。

"接地气"的形式，实事求是的作风，拉近了委员与群众的距离，下情充分上达，上情充分下达，怨气少了，和气多了，误解少了，体谅多了。和谐的社区，和美的生活，是大家共同的幸福。

（作者系沈阳市政协委员，沈阳市沈河区政协党组书记、主席）

住房公积金管理中心的"新样子"

王 彦

在省政协经济界别和工商联界别联合开展的一次调研座谈会上,听与会企业代表讨论留住人才不容易,要考虑房子、孩子等多个方面。轮到我发言时,我说:"解决住房问题是留住人才的重要一环,我从事住房公积金管理工作,大家在公积金方面有什么问题,可以随时联系我。"会后,他们联系我咨询了一些问题。我感觉,公积金业务部门的服务意识、服务能力和水平不断提速增效,企业和群众的满意度也在提升,但是有些人仍然认为公积金管理部门是"衙门""关卡",主要原因是他们还停留在老的思维模式上,对公积金管理和服务的状况不了解。

《辽宁省优化营商环境条例》实施以来,沈阳住房公积金管理中心全面深化"放管服"改革,通过"线上线下"深度融合和制度创新,构建了公积金服务大格局。

省里确定的56项服务全部实现"全程网办",16项个人业务高频事项实现"掌上办、秒办、无感办",更好地满足了企业和职工办事需求。我们探索了单位建制缴存,职工提取、贷款业务全流程线上闭环全程服务,对住房公积金相关业务进度和资金变动即时推送提醒消息。目前,中心数据库中有约200万客户的手机号,其中近

130 万人每月正常缴存。通过多渠道服务模式全面推广公积金业务线上办理，全部单位业务可在线办理，职工个人业务可在线办结。同时，我们还主动接入省、市政府"一网通办""市政务服务 APP""住建部小程序""支付宝市民中心"及商业合作银行 APP 等，查询和办理公积金业务更快捷了。

我们将"跨省通办"优质服务延伸至"清单"以外，免去职工办事两地奔波之苦，截至 9 月末，通过小程序为来沈就业职工办理异地住房公积金账户转移接续业务 7500 余笔，业务办理量居全国首位。

科学布局服务网点，持续推出便民服务举措，优化现场服务，提升了百姓体验。我们的服务网点完全覆盖了全市 13 个区、县（市），服务窗口进驻各区、县（市）政务服务大厅和沈抚新区政务服务大厅，而且都与社保窗口临近，新注册企业可现场同步咨询办理。布局 45 个公积金线下服务网点，延伸个贷受理网点至银行或开发商楼盘签约中心，办理购房贷款业务更方便了。我们在全市实行"通存、通取、通贷""同城通办"，通过推广自助终端、完善和规范窗口服务、开通特殊人群和高层次人才绿色通道、开展上门服务等措施，主动回应市民关切，及时解决群众诉求，实现了注重事中

服务向事前、事后全周期服务的转变。

与改进服务同步，我们优化了公积金惠企利民政策。在惠企方面，将企业公积金缴存登记纳入省级企业开办"一网通办"服务事项，实现企业公积金登记、开户二合一；帮助企业在5%~12%区间内确定适合的缴存比例，利用政策主动为企业"降本减负"，帮企业"算好账"；通过政府搭建的中小微企业信用融资平台对诚信缴存公积金企业给予融资支持。在利民方面，将社区工作者、合同制员工纳入公积金建制范围，开展自由职业者缴存住房公积金试点；建立与法院协同联动机制，解决职工公积金账户和企业恶意欠缴法院强制执行等问题；取消职工贷款不动产登记收费、担保收费和存量房评估收费；在全国最早开办异地贷款业务，累计发放50多亿元，支持全国157个城市、13.8万名缴存职工在沈购房；开展公积金贴息贷款业务，支持职工刚性和改善性住房公积金贷款融资需求，累计投放贴息贷款73.2亿元；推出高层次人才公积金贷款新政策，贷款限额最高可放宽到当期贷款最高限额的 1.5~4 倍。

住房公积金制度是一种社会性、互助性、政策性的住房社会保障制度，是我国城镇住房制度改革的一项创举。要通过各方面工作，特别是住房公积金管理部门的服务，让这项制度的福利惠及百姓，帮到每个在沈阳创业、发展、定居的人。

（作者系辽宁省政协委员、沈阳住房公积金管理中心副主任）

与白天鹅有个约会

佟晓平

　　总想去北票，赴一场与白天鹅的约会。看着朋友圈晒图，白天鹅或引颈高歌，或低头私语，或振翅翱翔，或水中嬉戏，我就在心中暗暗发誓，每年都要去赴一场与白天鹅的约会，让那幅人与自然的和谐画面中有我，更有美丽的白天鹅。

　　这些年，北票因天鹅的到来吸引了来自全国各地的游客。随着越来越多的天鹅来此越冬栖息，北票便先后有了位于红村的"天鹅湾"和位于白石水库的"天鹅湖"两处较大的天鹅栖息地。每天大

量的摄影爱好者扛着长枪短炮，从四面八方齐聚北票，形成一幅幅人与自然和谐共处的美好画卷。

北票红村"天鹅湾"的气候非常适宜天鹅生存，独特的地理位置为鸟儿们提供充足的食物和健康的水源，大批爱鸟、护鸟志愿者24小时的不间断守护，为天鹅营造安全舒适生活环境的同时，也让此地成为天鹅在东北地区的首选越冬栖息地。随着红村生态环境越来越好，一些珍稀候鸟也随之而来，到此安家落户。现该乡境内河段已有栖息水鸟涉禽近50种，其中，国家一、二级保护动物10余种。

素有"天鹅湖"之称的白石水库，是天鹅们在北票的一处最大的天鹅栖息地。白石水库上游的下府湿地，有包括湖泊、沼泽两种湿地形态面积约90平方公里的湿地。湿地有芦苇、蒲草等多种水生植物，栖息、繁衍着众多鸟类、鱼类，被当地人称为候鸟们的"加油站"。"天鹅湖"不但是辽宁省最大的天鹅迁徙停歇地，还是东北亚候鸟迁徙路线中的重要栖息地。每年大约有400万只候鸟经此路

线迁徙。特别是春秋两季在白石水库区域停歇的水鸟约为5万只，高峰期可达10万只以上。每到3、4月份和11月份，大批天鹅从南方迁徙到北票白石水库落脚觅食，停留期长达2个多月。

天鹅在北票驻留的几个月里，北京、天津等全国各地的摄影爱好者纷至沓来，高峰时达到3万多人，吃住在农家的他们，在欣赏天鹅高贵圣洁的同时，也为北票拉开了可喜的"天鹅经济"，周边百姓纷纷办起"农家乐"。特别是白石水库"农家乐"经济实惠的全鱼宴更是声名鹊起，即便天鹅不来的时候，也时常会有三五好友相约北票，在感受美丽大自然的同时，去享受那令人流连忘返的舌尖上的美味。

朋友们，来一场说走就走的旅行吧！相约北票"天鹅湾"，驻足"天鹅湖"，邂逅美丽的白天鹅。

（作者系朝阳市政协委员、朝阳市工商联秘书长）

北阳台上的工作室

孙志强

我曾是航空工业沈飞三十七厂的一名装配工。12年的工作历程中，我获得过全国"五一"劳动奖章、全国技术能手、全国青年岗位能手获得者，首届最年轻的"航空工业劳动模范"、第二届"辽宁工匠"、航空工业特级技能专家等等诸多荣誉。很多人觉得我是成功的，问我成功的关键因素是什么，我说得谢谢家里北阳台上的工作室。那个面积只有3.5平方米、五脏俱全的小小工作室，承载着我的人生梦想，记录着我为梦想坚持奋斗的冬夏春秋。

2009年进入沈飞三十七厂，我干起了辅助飞机生产的维修电工工作。那时就一心要亲手制造飞机。每月工资不多，拿出200元专门用来买专业书籍，书店买不到的就去网吧下载，再到复印社打印。每天除了上班干好本职工作之外，就是一门心思钻研技术，婉言谢绝伙伴们一次又一次的打球、郊游、聚会邀请，被伙伴们嗤笑说走火入魔了。功夫不负有心人，2011年10月，我代表辽宁省参加第七届"振兴杯"全国青年职业技能大赛工业自动化仪器仪表与装置装配工项目，获得第十一名。名次尚可，但我不甘心，认为自己还可以做得更好、走得更远。为了更好地利用业余时间，我改造了家里的北阳台，建立了工作室。用各方面节省下来的钱买工具、电子元器件，夜以继日钻研理论，试验技能，练习操作，开始了自己的技术创新。五年之后，终于在全国比赛中夺得了第一名。与此同时，我还自行设计了"飞机长杆类零件装配工装""飞机操纵偏转机构缓冲支柱压缩行程测量仪"等，参与完成了多种型号歼击机科研生产公司级课题攻关 2 项、技术攻关 5 项，总结提炼 7 万多字的讲义和 150 多张手绘"零误差装配简图"。

我的成绩带动了年轻人工作创新的热情，营造了争先创优的良好氛围，单位专门成立了"孙志强劳模创新工作室"。在两年多的时间里，这间工作室先后成长为沈阳市"孙志强技能大师工作室"和中省直企业"孙志强劳模创新工作室"，培养出了第十六届"振兴杯"全国青年职业技能大赛金牌获得者张潇文、沈飞公司技能标兵和技能能手刘亚东等青年人才；成功申报并拥有 40 项国家发明（实用新型）专利、2 项国防专利、4 项沈阳市职工创新成果，发表中国科技核心期刊论文 1 篇、辽宁省航空宇航协会论文 1 篇，为企业创造了上百万元的综合经济效益。

每当一架架战鹰呼啸而起，我和伙伴们仰望蓝天，无比骄傲，那是我们"航空报国、航空强国"的初心和使命。回到家里北阳台那个小小的工作室，我继续坚守自己的强国梦。

[作者系辽宁省政协委员、沈阳飞机工业（集团）有限公司特级技能专家]

抓牢大连海参的"原字号"

郭笑嫣

百余米海参文化长廊，40 余类海参品种，来自世界各地 200 余件海参标本……一走进大连棒棰岛海产股份有限公司的海参科普馆，我们农业界别调研组的委员就被震撼了，赞叹不已，不仅深入认识了海参，还了解了海参历史文化，更为他们将海参原种资源紧紧握在中国人自己手中的坚持点赞！

大连棒棰岛海产股份有限公司是一家集刺参原种保护、苗种繁

育、底播增殖、精
深加工、科研开发
和市场营销于一体
的农业产业化国家
重点龙头企业，是
全球首家四星 BAP
（最佳水产养殖规

范）认证海参企业。这里有国家级刺参原种场、"中国水产科普基地"棒棰岛海参科普馆，可以观摩刺参保种、育苗生产全过程。

棒棰岛海产有限公司从父辈的海参加工厂起步，近 50 年的牧海逐梦，两代人的坚持与守护，建成了我国首个计划内国家级刺参原种场和大连市刺参水产种质资源场，以纯公益性、可持续性发展理念担负着我国刺参原种搜集、整理、保存、培育等工作，为我国刺参良种研发和产业可持续发展奠定了种源基础。董事长刘宝春带领团队参与国家、行业、地方及团体标准制定 18 项，全力推进海参行

业标准化，为海参文化的传承与弘扬、促进海参产业持续健康发展做出了杰出贡献。

海洋是大连的天然优势资源，辽刺参的原产地就在大连。"棒棰岛"作为大连的海参龙头品牌，将辽刺参原种资源紧紧握在自己的手中，就是抓牢了大连海参的"原字号"。

（作者系大连市政协委员、大连市政协农业农村委主任）

从 2200 多万到 0

吴跃放

2016 年 9 月，我调任中储粮集团辽宁分公司，新岗位面临新挑战。那一年，为贯彻党中央"三去一降一补"工作方针，政策性粮食"去库存"工作启动。这是对中储粮服务宏观调控能力的一次重大考验。

此前，连年实施政策性粮食收购。2016 年，中储粮辽宁分公司管理的政策性粮食库存达到 2600 多万吨，相当于辽宁省一年的粮食产量。库存规模和外储库点数量均创历史新高，库外储存比例更是高达 90% 以上，而辖区员工总数才不过 1300 余人。有限的管理能力与无限的管理责任、紧张的管理人员与繁重的管理任务形成鲜明对比。在这个背景下开展"去库存"工作，对刚刚履新的自己是极大的挑战。多年的工作经验告诉我，"去库存"既是攻坚战，也是持久战。如果防不住、控不了，小则影响企业发展，大则影响辽宁地区粮食市场稳定，甚至影响国家粮食安全，这个坎儿必须得过，必须得稳过。

面对这样的复杂问题，我也曾迷茫：初来乍到，人生地不熟，向哪个部门寻求支持、向谁争取支持呢？深思熟虑后，我抱着试试看的态度，主动到省政府汇报工作。考虑到省政府领导工作繁忙，

不一定有时间，我做了两手准备，不行就递交书面材料。让我感动的是，省政府对我的问题高度重视，相关领导组织发改委及粮食行政管理部门召开专题会议，专门听取了分公司工作及"去库存"有关情况汇报，对维护国家粮食安全、维护辽宁地区粮食市场稳定给予了极大关切。会后，省政府办公厅迅速出台了《关于加强政策性粮食管理工作的通知》，要求各地区建立由政府主导、各有关部门分工负责、共同参与的监管体系，形成监管合力，及时解决政策性粮食"去库存"过程中出现的问题。这一文件在分公司长达5年的"去库存"工作中起到了"定海神针"的作用，并成为其他省份效仿的典范。很快，辽宁各地区、各部门纷纷响应省政府文件精神，省公安厅下发了《关于切实做好服务保障中储粮公司粮食"去库存"工作的通知》，鞍山、辽阳、朝阳等相关地市政府部门也相继出台了配套文件，针对"去库存"工作做出了更为具体的保障措施。

万事开头难，有了制度保障，接下来就是唱好出库工作的"重头戏"。出库过程中，尽管我们集中辖区员工智慧，制订了针对性极强的 12 项出库管理措施，确保出库期间所有从进库到出库的每台车辆、每个环节管控到位。面对出库过程中的"堵点"，辽宁各地公安、粮食行政管理等部门为我们提供了极大的支持，有求必应，随叫随到，全力以赴维持秩序，现场调解，开展普法教育，打击违规违法行为，有时出库作业持续到深夜，他们也跟着坚守到深夜，为去库存工作的顺利完成提供了坚强保障。截至 2020 年底，辽宁分公司在中储粮全系统率先完成了"去库存"工作，除执行常规轮换任务外，累计拍卖政策性粮食 2200 多万吨，没有发生一起风险案件。

事非经过不知难。从 2200 多万吨到 1000 多万吨，从 1000 多万吨到 100 多万吨，再到全部出清，"去库存"工作随着数字的变化顺利完成。从 2200 多万吨到 0，简单的数字背后，是无数个昼夜奋战、挥洒汗水的身影，是无数个排除万难保驾护航的坚守，是辽宁打造优良营商环境的力度和决心。

（作者系辽宁省政协委员，中国储备粮管理集团有限公司辽宁分公司党委书记、总经理）

"小红帽"和"小黄花"的斗争

李晏军

每年 7 月至 9 月，在朝阳大凌河的沿岸，人们总会看到这样一道亮丽的风景：一群"小红帽"拿着铁锹、镐头在河岸忙碌，铲除一种黄色的植物。"小红帽"是我带领化石协会会员及各界爱心人士组成的志愿者团队。黄色的植物是一种外来入侵有害植物，叫作"刺萼龙葵"。为了大凌河的生态安全，"小红帽"团队一直和"小黄花"做斗争。这一"斗"就是 15 年！

发现刺萼龙葵是一次偶然。2006 年的一天，我像以往一样沿着大凌河散步。我发现，不知从什么时候起，河边竟然多出了一种浑身长刺、开着黄花的植物。"这是什么花呢？"好奇心使然，我上前查看，一不小心被植物扎破了手指，伤口肿了起来，异常疼痛，很久后才愈合。随后，我咨询了相关专家，才得知这种植物是刺萼龙葵，又叫黄花刺茄，原产于北美洲，是一种外来入侵有害物种。它的叶片、茎、果实上都带有大量毒刺，人畜若不慎触碰，除被刺伤外还会产生过敏反应，一旦误食会导致中毒。刺萼龙葵不仅有毒，生命力也相当旺盛。它不管生长在哪里，都会拼命争夺土壤中的养分，在很短时间内造成相邻的其他生物集群死亡。它的繁殖力极强，每一颗果实大约含有 8500 粒种子，已经适应了朝阳的生长环境。因

此，它可随水、风、鸟、人畜等媒介进行强力繁衍传播，不仅会对植被造成极大破坏，还常常造成动物误食后抽搐死亡，更极大地影响了人的生产和生活安全。

了解了"小黄花"的真面目，"铲除刺萼龙葵，保卫生态家园"的念头一下子从我的脑海中闪现。风风火火的我说做就做，立刻去市场买了铁锹、镐头、胶皮手套、遮阳帽，组织化石协会的会员一起参与到铲除刺萼龙葵的"生态保卫战"中。铲除的最佳时机是刺萼龙葵开花的7、8、9月，我每年都会在这个最有利的时间段组织活动，防止刺萼龙葵继续繁衍传播。

在我的呼吁和带动下，加入"小红帽"队伍的人越来越多。朝阳市党外知识分子联谊会、朝阳市新的社会阶层人士联谊会、朝阳市诗词协会、龙城区诗词协会、辽宁颐康团队等社团组织先后参与到活动中，中共朝阳市委统战部、朝阳市社会组织管理局也纷纷组织各协会积极参与。"小红帽"团队越来越壮大，大凌河畔的生态越来越好。

　　15 年间，我们这群大凌河畔的新愚公以最"朴"的心，下最"拙"的功夫，保护最"美"的家。随着经验越来越丰富，我们的劳动成果在量上越来越多，铲除的面积从最初的每年十几亩到几十亩甚至更多；在质上越来越彻底，经过专家的指导，铲除后对其进行深埋或焚烧处理，刺萼龙葵几乎不再重新生长。

　　15 年的坚持很不容易，但在我看来很平常。我对大家说："大凌河是家乡的母亲河。有害植物入侵了我们的家园，我们就要像保护母亲那样冲上去保护它。"我呼吁全社会对"铲除刺萼龙葵，保卫生态家园"这一活动给予更多的关注和支持，不断壮大"小红帽"的力量。在大家的共同努力下，早日消灭"小黄花"，让天更蓝、山更绿、水更清、空气更清新、生态更宜居。

　　（作者系朝阳市政协委员、朝阳市古生物化石协会会长）

细分领域的隐形冠军

张之一

　　一个地区的经济活力如何，不仅要看有多少大企业，更要看小微企业的发展，尤其是那些细分领域内的隐形冠军。我对此深有感触，我们辽宁俏牌生物科技有限公司的目标，就是成为这样一家企业。

　　2000 年 7 月，我大学毕业回到家乡锦州，来到我父亲创办的企业——当时的锦州俏牌集团有限公司，从一名普通员工做起。2006

年，"俏牌"这副重担落在了我肩上。这时候的俏牌正处在从原来生产果仁产品向生产加工果仁的成套设备产品全面转化过渡时期，何去何从成为关系到企业生死存亡的重要选择。我捋清思路，以专注做自己擅长的事为出发点，坚持创新为先，选择粮谷油料脱壳分选为突破口，根据国内外市场的需求，不断改进和提升产品的结构性能，增加产品品种。在我的带领下，俏牌产品不断更新换代，脱壳分选成套设备适用对象从原来的 10 余种原料增加到 40 余种原料，脱壳原料小到油菜籽，大到核桃，成为世界公认的"脱壳专家"。俏牌在粮谷油料除杂、脱壳、分选技术领域共取得 170 多项国家专利，企业被国家认定为高新技术企业和国家第一批知识产权优势企业，承接国内外各大公司的大中型果仁及油脂加工前脱壳清理项目，一举成为脱壳行业的奠基人和国际业界的知名品牌。

想要成为行业领先者，不仅要敢于创新，更要善于抓住机会，将创新成果及时转化为产品。我是这么说的，也是这么做的。俏牌公司研发设计制造的火麻脱壳分选成套设备在国际市场备受关注。通过国际市场调研，我看到了火麻系列产品在国际市场的巨大需求，果断放弃销售火麻脱壳分选成套设备，依靠自己的专利设备进行火麻系列产品的生产加工，投资建设以火麻为主要原料的特种果仁、特种植物油及小分子蛋白等精细加工项目，创办了辽宁俏牌生物科技有限公司，实现产品的转型升级。从 2015 年正式投产开始，由于俏牌火麻产品的独有优势，市场需求量每年以 35% 的比例递增，2020 年虽遇新冠疫情，但销售收入却逆势上扬。目前，俏牌火麻系列产品在国际市场上占据了价格、品质的绝对优势，产品 90% 实现规模化出口，辽宁俏牌生物科技公司已经成为全球火麻食品原料最大供应商。俏牌火麻等系列产品的精深加工拉动了国内特种农产品种植业的发展，也带动了乡村产业及广大农户的创新增收。

　　"搞脱壳技术、出优质产品、用真心做事"是我始终专注做的三件事情。心无旁骛，持续创新，在擅长的领域内精耕细作，不求盲目做大做强，而是做精做专做长久，形成一批细分行业的冠军企业，才是促进经济健康发展的持续推动力，才能激发整个社会的经济活力。

　　（作者系辽宁省政协委员，辽宁俏牌机械有限公司、辽宁俏牌生物科技有限公司董事长）

青山不负人

陈　珂

　　1980 年 8 月，辽宁省建立了第一个野生动物类型自然保护区——蛇岛老铁山国家级自然保护区。经过 40 多年发展，辽宁已建立自然保护区 101 个，总面积约 276 万公顷，占全省国土总面积的 18.59%。辽宁自然保护区涵盖了森林生态、地质遗迹、内陆湿地、海洋海岸、古生物遗迹、草原草甸、荒漠生态、野生动植物、滨海湿地等 9 种类型，是全国功能比较完备、布局基本合理、类型较为齐全的自然保护区体系。近年来，我和省生态文明研究基地成员、沈阳农业大学林业经济管理团队的师生们多次深入辽宁自然保护区及周边农村开展调研，深刻感受到我省自然保护区的发展变化。

山更清了，水更绿了

　　石英是抚顺市抚顺县后安镇佟庄村土生土长的农民。据她介绍，过去农户们的环保意识比较淡薄，滥砍树木、肆意打猎等现象十分严重，当地生态环境遭到严重破坏。靠山吃山难以为继，许多村民被迫出门打工。2003 年，抚顺三块石省级自然保护区建立，保护区周边开始实施严格的保护政策，村民们必须严格按照采伐限额指标

36

进行抚育间伐。生态环境的改善为野鸡、野猪等野生动物生存提供了良好的栖息场所。虽然有时也会给老百姓带来一定不良影响，但是石英还是很开心地表示："那点损失不算什么，这是生态环境变好了的表现。如今的农户知识层次和综合素养都提高了，不再猎杀野生动物，只是为确保人身安全进行简单的驱逐。"

离家近了，钱包鼓了

张建国是本溪市本溪满族自治县和尚帽自然保护区附近东营坊村的村民。他曾是村里出了名的困难户，由于家里有孩子老人需要照看，无法去外地长期打工。家里的几亩地因为是山坡地，收成不好，日子过得紧巴巴的。2002年，本溪和尚帽省级自然保护区建立，张建国的生活发生了翻天覆地的变化。村里新修建了柏油马路，开通了公交车，公交站点就在张建国家门口。政府为了鼓励当地居民

从事生态旅游，给村民家都修了冲水马桶，安了太阳能，粉刷了统一的院墙。张建国从开始只卖些山货干果，到最后建成了集住宿餐饮交通于一体的农家乐，现在每年纯收入达到 10 万元人民币以上。张建国说："这是之前想都不敢想的。这里的生态环境越好，越能吸引更多的游客来旅游，我们才越能过上好日子。"

不砍树了，去种树了

老秃顶子国家级自然保护区位于本溪市桓仁满族自治县和抚顺市新宾满族自治县的交界处。张立德是生活在保护区附近桓仁县八里甸子镇佛顶山村的村民。从前，村里人保护环境意识比较淡薄，乱砍滥伐、随意放牧、污水随意排放、焚烧秸秆等现象十分普遍，村里的生活环境和周边的生态资源遭到了严重的破环。自然保护区成立后，张立德响应政府号召，承包林地 5000 亩。每天到山上去转转，守着这片山林，成为老张一天最高兴的事儿。保护区附近像张立德这样既种树又护树的群众很多。随着周边居民环保意识的不断提升，保护区的环境也越来越好，乱砍滥伐的现象在减少，路面整洁，空气清新，植被的覆盖率大幅提高，稀有的动植物数量也逐渐增加。"生活在这里，天天呼吸新鲜空气，比城里人舒服多了。"老张自豪地说。

有人管事了，有钱办事了

建立自然保护区需要持续稳定的政策支持和资金投入。从落实生态补偿机制，到推进保护区确权登记，人到保护区走、钱到保护区花、政策往基层倾斜的局面逐步变成现实。近年来，中央财政不

断加大森林生态效益补偿投入规模，逐步提高补偿标准；省政府加大投入力度，建立了多渠道的投入补偿制度。通过努力，我省已经有效解决自然保护区的机构、级别、编制、经费和管理权限等问题，并率先完成了 8 条河流、17 个自然保护区的自然资源统一确权登记工作，为自然资源分类施策、有效保护和开发利用提供了重要前提。

人不负青山，青山定不负人。随着自然保护区工作的不断深入，大山里的青山绿水正在成为辽宁一张亮丽的生态名片。作为辽宁自然保护区变化的亲历者、参与者、见证者，我为生活在这片充满生机的土地上感到庆幸。

（作者系辽宁省政协委员、沈阳农业大学经济管理学院教授）

从此他乡是故乡

杨祖民

2014 年，中利集团在铁岭建厂，总部派我到辽宁铁岭分公司任总裁，从此与铁岭结下不解之缘，铁岭成为我成长进步和实现梦想的第二故乡。

刚到铁岭，面对与南方迥然不同的自然环境和政务环境，我心里确实有些忐忑。但是，这种担心很快就被铁岭人的热情和实在一扫而光。各级领导亲力亲为，为我们公司提供了无微不至的关怀和服务，帮助筛选最合适的厂址，相关部门现场办公，以最快速度办理立项手续，解决了许多困难和问题，使中德电缆项目在短短 8 个月内就建成投产，成为铁岭市首个当年施工、当年投产的企业。公司先后在铁岭投资 8 个项目，每个项目都有一名县级领导包扶、一名县级部门工作人员全程提供保姆式服务，全部实现当年开工、当年投产。

2017 年 4 月 30 日是一个难忘的日子。我和我的团队因投资 6 亿元的辽宁首个单体超大面积渔光互补光伏发电项目赶工期进度没能回家过节，我亲自下厨炒了几个家乡菜犒劳大家，并晒到朋友圈里，引起铁岭市领导的关注。市政协主席李宇娟打来电话："你们因为工作忙，不能回家过节，如果没有什么特别的安排，大姐给你们过节，

铁岭就是你们的家乡。"五一"当天，在一个具有浓厚东北风味的小饭店里，我们体会到家人般的亲切和温暖，浓烈的思乡之情和工作的劳累全都化作来自心底的暖流和造福第二故乡的动力。"家乡人就要为家乡振兴发展履职尽责。"我带领公司积极开展以商招商工作，广泛联系，现身说法，打消了客商"投资不过山海关"的顾虑，白雪电器、冠林汽车、长飞光缆等多家优秀企业在铁岭投资超过 30 亿元。

继渔光互补光伏项目后，公司又在铁岭投资建设了中利光电高分子材料、中盈房地产项目，实现了集团在东北地区的四大产业布局，累计创造产值 30 亿元，纳税超亿元。我也光荣地被铁岭市政府聘为"招商大使"，为铁岭招商引资贡献绵薄之力——成立中德商学院，与新西兰国立西部理工学院等海外高等院校签订战略合作协议，与辽宁多家高校签订产教融合人才培养基地等多项合作协议，为铁岭域内 80 多家企业提供人才实训 3000 余人次；成立辽宁省光电缆业产业技术创新联盟，打通南北供应链渠道，实现企业间抱团取暖，合作共赢；牵头组建铁岭县企业家协会，并被推选为协会会长，吸纳当地 70 余家企业入会，架起政府和企业之间的桥梁，成为企业家们的知心人和发言人。与此同时，2019 年，为积极助力脱贫攻坚，我决策实现光伏土地立体综合化利用，建立 2000 平方米种植养殖基地，形成了"智能光伏+扶贫+特色农业+观光旅游+贫困人口就业"的叠加收益脱贫模式，为铁岭市铁岭县稳定脱贫贡献了力量。

如今，我已经在铁岭工作了 8 个年头。在这片充满生机与温情的土地上，不仅实现了把企业做强做大的梦想，还在市政协这个大学校、大舞台、大家庭里，结交了各行各业的优秀人才。我们来自四面八方，大家团结一致、建言资政、凝聚共识，为铁岭振兴发展添砖加瓦，在建设美丽幸福新铁岭的伟大实践中互相鼓励、共同成长。

我爱第二故乡，铁岭！

（作者系铁岭市政协委员、辽宁中德电缆公司董事长）

为了广电信号覆盖到每个角落

李红莉

　　我在省广播电视局工作，参加省政协会议和调研时，常常被问到电视转播信号方面的问题。看不到电视节目，听不到广播节目，或者信号不稳定，是广电技术服务工作链条的终端结果，而前端过程还有很多重要环节，其中高山台站是非常关键的部分，它是担负卫星上行传输、微波传输、调频广播、中波广播、地面数字电视等无线广播电视信号传输覆盖任务的中转站，丰富多彩的电视与广播节目到达千家万户就是靠它正常运转。高山台站的建设和维护是一般人都不知道、不了解的工作。

　　我省的台站大多建于上世纪七八十年代，由于接收信号的位置要尽量避免干扰，所以台站多位于省内偏远地区或高山之上，自然环境恶劣、工作条件艰苦，基础设施落后、传输发射设备陈旧，很多台站长期存在吃水靠背、交通不便的现实困难。业内公认的最艰苦台站是本溪连山关转播站，原名辽宁省广播电视传输发射中心四〇二微波站，坐落于本溪县连山关镇刘家村黄家沟老虎岭山顶，海拔910.2米，是辽宁省广播电视传输网"辽东线"上的一个重要中继站。主要任务是将接收本溪转播站的微波信号传输至凤凰山转播台、岫岩转播台，同时担负着辽宁交通广播（调频 FM97.5MHz）、中央台12套电视节目和辽宁8套电视节目的地面数字覆盖发射任务。

　　连山关转播站原机房为平房，砖混结构。由于地理位置较高，湿度较大，自然地理环境十分恶劣，上山道路是泥土山路，无法通

车，倒班人员只能从山下生活区徒步登山一小时左右到达山顶机房倒班，晴天一身汗，雨天一身水，雪天连滚带爬。机房没有水源，所有生活和工作用水以及其他物资，都是由人工从山下往山顶扛运，值班人员必须省吃俭用，才能保证不会断水断粮。2018年，伴随辽宁省广播电视台站基础设施改造二期工程项目落地，连山关转播站先期扩宽平整上山道路，对山路路面进行硬化处理，建站36年来，倒班车辆第一次开到机房，首次实现了山顶机房通车。经过地下水勘测，在山腰处重新钻探，钻井86米成功打到地下水层。采用水泵抽水向山顶机房供水，山顶机房36年来吃水困难的问题彻底解决。2020年，二期工程新建机房顺利竣工，新建的二层机房是集工作与生活功能于一体的综合性技术用房，台站面貌焕然一新，艰苦的环境发生了彻底的转变。

连山关转播站的变化是我省高山台站基础设施建设的一个缩影。

近年先后实施的"十二五"高山无线发射台站基础设施建设工程、"十三五"无线发射台站基础设施建设工程等一系列广播电视基础设施建设项目，对我省33座无线发射台站的基础设施，包括机房、宿舍、铁塔、给排水、电力等进行了全面改造，改变了过去艰苦的工作条件，切实提升了广播电视基础设施作为公共文化设施的有效配置。

高山台站换新颜，广电信号越关山。高山台站基础设施建设完善了文化服务体系，将党和中央的声音传达到千家万户，将丰富多彩的广电节目送到人民身边，必将有效推动文化惠民工作，凝聚更广泛的社会共识，汇聚更强大的振兴力量。

（作者系辽宁省政协委员，省广播电视局党组成员、副局长）

令人惊叹的大连"高新速度"

付 强

沿大连旅顺南路一路向西，至黄泥川老座山，15座气势恢宏、素朴大方、时尚现代且充满科技感的银灰色建筑，如璀璨宝石般镶嵌在青山碧水间。这是哪里？一年前这里还是一片荒芜！调研组委员的眼中满是疑惑。

走进这片建筑所在的区域才知道，这是大连东软教育健康科技实训基地，也就是近一段时间我们常常说起的东软博川校区。

2000年7月，东软博川校区在这片一无所有的土地上正式破土动工，根据设计要求，建设工期仅有一年。因为校区背山面水，地形复杂，施工难度大，开工后遭遇持续20余天的雨季，又逢冬季连续降雪，任何一个环节出现一点纰漏就可能导致无法如期竣工。在

很多人看来，这是"不可能完成的任务"。为了将"不可能"变为可能，大连高新园区管委会专门设置了大项目专班服务，主要领导靠前指挥，园区各部门通力协作，勇于担当，采取提前介入、贴身把关、分段验收、并联审批的方式，全程跟进了解项目进度和困难，研讨提出解决方案，现场办公解决难题，在遵守原则的前提下灵活处理问题、容缺办理手续，环环紧扣，无缝对接，争分夺秒！

2020年底，大连出现新冠肺炎疫情，市内建筑工地施工被迫暂停。而博川校区教学楼必须赶在春节前封顶，否则无法如期开学。疫情防控指挥部办公室连夜行动，迅速组织起专业队伍，第二天一早便赶到施工现场，仅用了不到两天时间就完成700多人施工队伍的核酸检测，帮助企业顺利恢复施工。

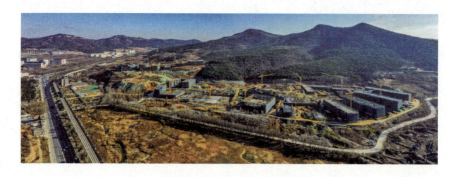

    2021 年 6 月，大连迎来多年不遇的暴雨，博川校区建设工地面临很大风险。高新园区应急管理局和城建事务服务中心的几位干部顶着大雨来到工地，组织施工人员修建泄洪通道。当施工通道因种种原因被封闭，区里又连夜组织施工队，在旅顺南路开辟专门道口，只用了 3 天就修建了一条百余米长的施工新通道。

    没有等来的辉煌，只有拼来的精彩。短短一年，东软博川校区拔地而起，创造了项目建设速度新纪录，在大连高新区树立了新标杆。

    与项目建设速度相匹配的是服务水平。2021 年，高新园区接连推出"高新核、智慧芯"公共服务中心改建工程、"民呼我应"群众诉求联应联办机制、"五个一、双主动"政策兑现优化服务机制、优化商事登记环境 33 条实招、项目管家线上平台不见面精准服务等系列便民便企措施；全新升级"项目管家"服务，建立了"1 名项目管家+1 名企业（项目）联系人+N 个行政职能部门联系人"的"1+1+N"模式，提供全生命周期服务；利用大数据系统在网上搭建"项目管家企业服务平台"，提供"不找人、不见面""有事必应、无事不扰"的新型服务。通过制度创新将转变观念落到实处，办事越来越方便，生活越来越便利，这个小小的区域正在集聚越来越多的项目、越来越多的企业和人才。

（作者系大连市政协委员、大连市政协经济委主任）

用脚步丈量农业科技之路

姚彦林

　　天没亮就赶去开展科技服务，摸着黑回来撰写论文，这是我的工作常态。作为农业科技工作者，我立志要把论文写在大地上，把成果留在百姓家，我的口头禅是"我们的战场在田间地头"。担任锦州市科学技术研究院院长三年多，我组织成立了 10 支科技服务团队，与全市 60 余个乡镇建立联系，落实现代农业科技示范区 20 余万亩，累计完成推广新品种 76 个、新技术 37 项。新冠肺炎疫情期

间又探索实施"空中科技服务，线上助力春耕备耕"模式，组织专家通过电话、微信、视频等方式，为农民提供科技服务，及时解决技术难题，建立科技服务微信群40余个，受众达20000余人。

正是由于长期深入农业生产一线，我所从事的科学研究都非常契合实际需要。在多次深入基层调研后，我发现必须建立种质资源库，打造全国一流的农作物品种测试中心。于是开始积极推进种质资源的收集、引进、利用与保护，全力争取项目资金，改造、完善现有400多平方米的恒温库，建设辽西地区一流的种质资源库。我还十分重视种子保护和测试能力。作为辽宁省唯一一家负责植物新品种DUS测试的机构，院里所属的农业农村部植物新品种测试锦州分中心的测试能力、测试数量逐年增高，今年完成的测试任务比三年前翻了一倍。锦州市国家区域农作物品种测试评估站项目，获得国家投资2053万元，目前已开始施工，建成后可满足东华北区域主要农作物的DUS测试需求，使我省植物新品种测试条件与技术实力跻身国内先进行列。

科研人员的工作状态直接关系到科研成果的效率。2018年刚上任时，我到南繁基地看望一线科研人员，发现大伙儿挤在简易的竹棚里，睡着大通铺，被蚊虫叮咬得浑身都是包……"南繁育种是加快育种进程的'快车道'，这样的工作环境对不起奋战在一线的科研人员啊！"我的眼圈红了，第一时间筹措资金建设有独立卫生间、淋浴间、风干室、晾晒场、蓄水池等基础设施的彩板房。环境改善后，大家的干劲儿更足了。我又研究推动科研成果转让和学术带头人机制，进一步激发科研人员创新积极性，设立科研课题79项，获国家、省、市奖项17项，发表学术论文29篇，品种审定22个，专利21项。

迎着晨光出发，赶着月光归来。我愿继续与锦州市科学技术研究院的同伴们在农业科研的大路上饱含深情耕耘，把笔杆插进泥土，把人民镌刻在心上。

（作者系辽宁省政协委员、锦州市科学技术研究院院长）

"新字号"是这样炼成的

滕凤余

辽宁中蓝电子科技有限公司成立于 2011 年，位于盘锦市高新技术产业开发区，主要研制手机摄像头的两大核心部件——马达和镜头，客户涵盖华为、小米、荣耀、OPPO 等知名手机品牌。2020 年，VCM 马达出货量国内排名第一、全球排名第四，全球市场占有率 11%；镜头出货量全球排名第六，市场占有率 4.2%。作为在辽宁老工业基地萌生、成长和发展起来的"新字号"企业，辽宁中蓝电子科技有限公司经过十年的创新发展，成为中国手机核心器件领军企业。省政协十二届十五次专题议政性常委会议的调研组把它当作

"新字号"典型深入剖析了它的成长史。

创业之初，中蓝电子只有 7 个人，产业工人和技术工程师短缺是最大问题。到哪里去招合适的人呢？技术牵头人吴发权很头疼。开发区管委会了解到这个情况后，二话不说，直接帮助对接高校、劳动部门，一家不行再找一家，一次不行再去一次，哪个政策适用就用哪个，谁的办法好用就用谁的办法。

功夫不负有心人，经过多方努力，技术工人来了，工程师来了。新问题也跟着来了，从事这个行业的人员多数是年轻人，家里都有正在上学的娃，娃跟着父母来了，去哪里上学？能不能上个和以前水平差不多甚至更好的学校？吴发权闹心了，搞不定这个后方根据地，好不容易招来的人就得流失。市政府针对这种情况研究出台了人才引进政策，把高端人才子女送入盘锦市重点小学。拴住了娃，就拴住了娃的爹妈，通过这项引才政策，中蓝电子连续引进资深研发人才 230 余人，其中高端资深研发精英 110 余人，有的人才是从

业内知名企业跳槽来的。一时间，人才强势逆流在圈内引起了不小的震动。目前，企业的技术人员和管理团队80%都是外部引进人才，为企业保持技术全球领先地位提供了强有力的支撑。

科技型企业在发展过程中，最怕手续复杂、办事难、办事慢、政策落实不到位，中蓝电子并没有被类似问题卡住。建立之初，政府相关部门就认真落实政策举措，跟踪服务，为企业办理各类手续提供方便，确保快捷、高效。2015年，高新区管委会发挥中蓝电子规模效应，实行延链、强链、补链的招商政策，建设电子产业园一期，成功引进多家智能手机核心器件生产商，分别从事磁石加工、精密绕线、注塑成型、治具制作以及模具加工。

2020年上半年，中蓝光学电子产业基地按发展计划投资建设，但资金有些紧缺。投入跟不上，企业发展步伐就下降，技术优势地位很快就会被取代。高新区管委会坚决支持，采取先租后回购方式投入 6.9 亿元，迅速破解了融资难题，吴发权悬着的心放下了。以电子产业生态集群为基础，中蓝电子正在打造东北最大的智慧化光学电子产业基地。

（作者系盘锦市政协委员、盘锦市政协机关一级调研员）

"小路牌"见证"大变化"

孙 鹏

  小小街路牌，看似不起眼，然而它的功能、作用和意义却不可小觑，从城市治理、经济发展、百姓民生到城市文明，都与它息息相关，小小街路牌已成为锦州街头一道亮丽的风景，也折射着锦州城市的巨变，成为城市形象的缩影。

  街路牌是城市重要的公共设施，整洁美观的街路牌既能够体现指位功能、方便群众的日常生活，又能够展示地域风貌、展现城市品位，是城市形象的重要组成部分。文明城市创建工作中，我们组织委员对锦州的街路牌设置情况进行调研，了解到很多平时关注不

到的细节。随着经济发展、城市变化、新建小区、新开发楼盘、新建和改扩建道路等，街路牌也在不断增加，这两年新命名的街路有松山新区的中医南路、南山路，太和区的创新路、创业路、创绩路，滨海新区龙栖湾产业园区的庐山路等，城市的脚步发展到哪里，街路牌就设到哪里。自2018年以来，锦州市民政局会同有关部门对新建和整治后的78条街路进行了命名，安装街路指示牌280个。截至目前，锦州主城区设置的街路牌已达1500个，推动了城市地名设置标准化和规范化建设，给公安、交通部门的社会管理及企业开展对外商洽业务、办理证照等带来诸多便利，也使地理信息查询、百姓出行、旅游、电子导航、物流快递等更加便捷，为塑造锦州城市文明形象、加强社会管理做出了积极贡献。

　　街路牌虽小，却与城市历史、地域文化紧密相连，它是地名的一个载体、一个符号，蕴含着锦州悠久的文化内涵和历史积淀，对历史文化也是一种传承。街路牌根据锦州地名总体规划要求设置，从论证到名称出炉是一个严格、系统且经过综合考量的过程，其命名体现着城市治理、管理的科学化与规范化，也折射着城市的历史文化。如凌河区的云飞街，古塔区的士英街、长安前胡同、长安后胡同、朱将军胡同，松山新区的凌川路等都属于这种情况。如今，锦州街路标志牌作为城市标识的重要组成部分，已成为"外地人的眼睛、本地人的脸面、城市化的名片"。

（作者系锦州市政协委员、锦州市民政局副局长）

带着葫芦岛特产闯世界

李 江

"城市地理标志响亮的名片中浸润着他的智慧与心血。"这是"中国十大地理标志先锋人物"评选活动组委会对我的评价。这句颁奖词表彰了我为家乡地理标志文化发展所做出的努力，让我备受鼓舞。

葫芦岛大红枣、对虾，建昌荷包猪，兴城多宝鱼……独特的气候区域优势和厚重的历史积淀，为葫芦岛孕育了许多令人骄傲的特色产品。然而，多少年来，这些特产仅仅被当地居民有所耳闻，其文化价值和由此带来的经济附加值没有被更多人所认识到。"必须要让家乡的特产在市场上叫得响、卖得好。"我发现了其中的机会，我希望家乡的特产能够走出辽宁，走出东北，走向全国乃至世界。

有理想更要有行动。我在深入调研的基础上充分认识到，树立地理标志品牌是让葫芦岛特产"走出去"的关键。然而，挖掘特色农产品自然属性、特定品质的历史沿革是一件极其艰苦的工作，但我并没有因眼前的困难而退缩。我对全市40多种地方特产进行调研，足迹遍及全市20多个村屯乡镇。在此基础上，我编辑出版《葫芦岛特产志》一书，成为辽西地区第一部记载地方土特产的专著史料。

　　作为一名葫芦岛市政协委员，我充分发挥自身优势，在深入调查研究的基础上，向市政协提交"葫芦岛特产亟须品牌支撑""加快实施品牌战略，推动品牌战略与经济工作深度融合"等提案，被列为市政协重点提案。相关建议引起市领导高度重视，相关部门积极采纳落实，进一步推动葫芦岛地理标志品牌建设走上加速发展的快车道。

　　在我的建议和推动下，葫芦岛市政协组建政协委员农业品牌专家组。我与专家组委员一同深入农村，与多家农民专业合作社建立了"政协委员品牌建设联系点"。同时，我又组织专家组委员编辑出版《葫芦岛特产品牌故事》一书，在中国国际品牌节上受到各界广泛好评。葫芦岛市领导评价此书是"有特色的展示葫芦岛特产的招商名片"。

　　多年来，我还致力于葫芦岛葫芦烙画等民俗文化的挖掘与拓展。在我的推动下，2012 年"葫芦岛葫芦烙画"被注册为中国地理标志

证明商标，成为全国葫芦文化产业第一个地理标志品牌。我带着葫芦岛葫芦烙画赴韩国参加亚洲国际文化创意博览会暨中韩艺术家交流会，引起国外客商的兴趣和关注。随后，我对葫芦岛葫芦烙画的历史和传承谱系进行调研，提出"关于挖掘葫芦岛葫芦烙画非物质文化遗产的建议"，得到相关部门高度重视。2016 年，经省、市两级专家评审，葫芦岛葫芦烙画被列入市级非物质文化遗产保护名录。我为此设计的葫芦烙画文化礼品系列，荣膺"最具文化底蕴中国十大地理标志产品"，并获中国包装设计大奖。

（作者系葫芦岛市政协委员、葫芦岛市文化品牌促进会秘书长）

伫守的沈阳故宫文溯阁

张思宁

由于参加省政协组织的有关《四库全书》的调研，我曾花了很多心思研究沈阳故宫文溯阁，越深入越震撼，越思索越叹服，每次讨论会都忍不住举手发言，滔滔不绝。

200多年前，在大江南北矗立着七座大小不同、外形相似的建筑，它们有着一样的黑色琉璃瓦顶、绿色琉璃瓦剪边，在崇尚黄色的皇家建筑群中显得厚重深沉、别具特色，这就是用来存放皇皇巨著《四库全书》的"七阁"，分为"北四阁"和"南三阁"，沈阳故宫文溯阁是"北四阁"之一。文溯阁和另外六阁一样，都是仿照宁波著名藏书楼天一阁的样式修建的。藏书最怕火灾，所以天一阁取《易经》"天一生水"之意命名。七座藏书阁分别都以"水"字旁取名，也有这个意义。在《御制文溯阁记》中，乾隆皇帝写道："恰于盛京而名此名，更有合周诗所谓'溯涧求本'之义，而予不忘祖宗创业之艰，示子孙守文之模，意在斯乎！意在斯乎！"沈阳原称盛京，是清朝的龙兴之地，乾隆皇帝把在盛京建造的藏书楼称为文溯阁，不仅是要表彰自己的文治，更是要提醒子孙后代慎终追远，牢记"筚路蓝缕，以启山林"的艰辛历程。

沈阳故宫是后金当年的宫殿，努尔哈赤以此为政治中心，和明朝展开了殊死争斗，正值席不暇暖、寝不安枕的万事草创时期，沈

63

阳故宫也就显得豪放粗犷。文溯阁坐落在沈阳故宫西路，限于宫苑总体面积而因地制宜，面积不大，却古朴幽静，和东面的十王亭遥遥相对，万卷藏书和金戈铁马交相辉映，一文一武，相得益彰。

《四库全书》在乾隆五十七年（1792 年）全部完成，共缮写了七部，分藏于"七阁"。岁月沧桑，七部《四库全书》历经了各自不同的命运轨迹。藏于沈阳故宫中的这部《四库全书》在平安沉睡了 120 多年后开启了漂泊历程。1914 年因袁世凯之故运抵北京，存于北京故宫保和殿。1925 年经张学良等人多方斡旋运回沈阳。抗美援朝战争期间，《四库全书》转移到黑龙江省，1954 年运回沈阳。1967 年全书运抵甘肃，珍藏于兰州北郊的九州台。第七届至第十届辽宁省政协的数年间，驻辽全国政协委员曾多次提出提案，呼吁《四库全书》回归沈阳故宫文溯阁，再现书阁合一的盛景。

《四库全书》是中华文化的瑰宝，无论她身在何方，都闪耀着中华民族智慧的光芒。沈阳故宫是世界文化遗产，伫立其中的文溯阁历尽沧桑，时时提醒我们坚定文化自信，走好未来的复兴之路。

（作者系辽宁省政协委员、辽宁社会科学院哲学研究所所长）

蒙医药焕发新光彩

李晓波

　　阜新是全国蒙医药发祥地，一代又一代蒙医药人肩负使命，抓住改革发展的机遇，进行了一次又一次华丽蜕变，由最初的卫生资源不足，条件差、设备少，逐步走向规范化、标准化的发展轨道。

　　蒙医药是蒙古勒津部落在长期的狩猎、游牧、农耕生活中形成的独特的蒙医医疗技术和医药理论，具有民族特色和地域特点。早在明清时期，蒙古勒津（阜新蒙古族自治县）瑞应寺等诸多寺庙先后成立了"门巴扎仓（蒙医药学院）"，培养了4000多名蒙医，为

东北三省及内蒙古、西藏、青海、甘肃等省区输送了大批优秀蒙医药人才，为我国蒙医药事业的传承发展奠定了基础。

新中国成立后，在党的民族政策光辉照耀下，在党和各级政府正确领导和亲切关怀下，蒙医药这一民族瑰宝获得了高度的重视。1952年成立第一所蒙医学校，1960年成立祖国医学（蒙医药）研究所，1970年成立蒙药厂；1978年恢复新建蒙医研究所，1981年开始正式运营，从此蒙医药得以发扬光大，生根开花。

目前，阜新拥有蒙医药机构7家，已经形成了以辽宁省蒙医医院和阜新蒙药有限责任公司为龙头，以乡镇卫生院为枢纽，以村和社区卫生所为网底的蒙医药产业基础。辽宁蒙医医院是全国重点民族医医院，是辽宁省唯一一家集医疗、科研、教学、制药、康复、预防保健、旅游文化七位一体的三级甲等民族医医院，开设33个专病专科门诊，其中血液病科为国家临床重点专科、全国民族医重点专科等，就诊患者遍及全国和近15个国家。2007年"蒙医药治疗再生障碍性贫血"被国家中医药管理局列入"十一五"重点专科建设

项目。2011 年 8 月，经多中心验证，蒙医药治疗血衰症（再障）有效率达 91.4%，治愈缓解率达 65.7%，被评为国家级非物质文化遗产。

阜新蒙药有限责任公司始建于 1970 年，是全国最早建立的一家蒙药生产企业；1997 年被国家民委等部委批准为民族用药定点生产企业；2013 年，"阜药"商标被评定为"辽宁省著名商标"，生产 6 个剂型、七大系列、60 个品种的蒙中成药。

2018 年 7 月，阜新蒙古族自治县被中国民族医药协会冠名为"全国蒙医药发祥地"；2020 年 10 月，全国名蒙医白凤鸣工作室正式在辽宁中医药大学挂牌成立，成为继承和弘扬中蒙医文化的重要载体。

经过省市两级政协以及社会各方面的共同努力，阜新蒙医药事业发展已纳入辽宁省国民经济和社会发展"十四五"规划，确立了规范化、标准化、产业化发展的目标。"传承精华、守正创新""中西医并重""中医药强省"等一系列令人振奋的政策和保障，给蒙医蒙药插上了腾飞的翅膀。

（作者系阜新市政协委员、辽宁省蒙医医院院长）

章古台的治沙"接力棒"

吴德东

35 年前，我从辽宁省林业学校毕业，来到位于阜新市彰武县章古台镇的辽宁省固沙造林研究所工作。这是个"冷门"的地方，却是我人生的新起点。在这里，我的导师前辈们创造了万亩松涛的人间奇迹，鼓舞着我们这些后来人知难而上，奋勇前进。

谢浩然先生是樟子松、油松沙地造林试验课题组的负责人，经过连续四年的努力，使樟子松、油松在这里安家。他在试验中严谨

细致，对语言精练程度要求也近乎苛刻，我的第一篇文章请他审阅，改后仅剩九句话。他的精益求精，为我的科研之路立下了最初的标尺。

姜佩瑛先生是老所长刘斌请来的防护林专家，不管风沙多大，冻土多厚，他都和大家一样忙碌在造林工地，浑然忘记自己是年过花甲的老人。在承担沙地草牧场防护林课题研究的同时，他还写出了《阜新地区发展林业与牧业关系刍议》等6万余字的论著。70多岁的他坚持天天学习，并尽可能给予我这样的"小辈"更多关怀指导，帮助我打好认识草场植物的基本功。每天，我从草场采回植物到他的住处，再带着他写好科、属、种的标本回到宿舍，辨认、记忆、晾晒……经过近8个月的努力，我终于完成了沙地276种草本植物的识别。

王永魁总工程师是我遇到的第一位国家级有突出贡献的专家，灌木固沙方法就是他与韩树堂先生一同首创的。刚到章古台工作时，他只有23岁。从酷暑到严寒，他做了822次观测记录，终于揭开了流沙活动的规律。与他交谈，我总能解开学术中的疑惑，从他的智慧中汲取科研精华与生活营养。

王润国工程师是当时防护林研究室副主任。他结合农田防护林的课题，开展了适合本地区生长的杨树选育工作，以百折不回的毅力从上百株乡土树种中筛选出一株理想的天然杂种"富源1号"。之后成功选育出杨树"富源4号"，被我国著名林学家王战命名为"彰武小钻杨"，仅在阜新地区推广面积就达75万亩，为林业育种事业做出了突出贡献。

这些可敬又可亲的治沙人长期扎根基层，在章古台的沙海中奉献了人生中最美好的时光，他们的精神和事迹引领着我们在科学研究的道路上不断攀登。2000年2月，省林业厅决定在辽西北建设新的防沙治沙示范区。接到任务后，我们立即召开工程协调会，到现场踏查，确定示范区的范围和核心，加班加点编制工程实施方案。起初，当地干部和群众对生态建设和投工投劳不认可，开展工作困难大。我们多次设身处地与当地政府、有关部门协调沟通，耐心细致地给群众讲解沙害与发展的关系，最终顺利推进了科技示范林的建设，为提高整个治沙工程科技含量起到了带动、引导和示范的作用。2004 年，工程通过省级鉴定，达到国际先进水平，成为国家防沙治沙示范区建设典范。

我是一名省政协委员，做好本职工作的同时，结合专业为全省生态建设建言献策，以导师们为榜样，继续谱写治沙故事的新篇章，把艰苦奋斗、脚踏实地、科学严谨的治沙精神一代代传承下去。

章古台小镇印下了治沙人的足迹，于我而言，它早已超越了地理内涵和品牌标识，成为我人生中最深的烙印。

（作者系辽宁省政协委员、辽宁省沙地治理与利用研究所资源环境研究室主任）

请到本溪看长城

李方凯

　　虽然是土生土长的本溪人，在本溪生活、工作多年，但几年前我却不知道本溪有长城。

　　让我十分震撼的事情发生在 2019 年 11 月 7 日。那天，本溪市、县政协调研组深入到本溪满族自治县的崇山峻岭之中，我们惊奇地发现那里竟然有长城，虽经几百年的战争破坏和风雨侵蚀，这些宝

贵的遗址遗迹依然保存得比较完整，历史的沧桑印痕清晰可见。

本溪地处辽东半岛腹地重要位置，自古以来就是兵家相争之地，历史上各个阶段的中央政权和地方政权为了保护各自疆域相继修建长城，因此在本溪境内形成了类型多样、特色鲜明的长城形态。经过实地踏查和专家论证，本溪地区现存四类不同历史时期的古代长城，即战国时期燕国和汉代初期修筑的"燕汉长城"、高句丽长城、明代长城和清代长城。这四类不同历史时期的古代长城集聚在本溪地区，它们的存在是中华民族多元一体的历史见证，为长城国家文化公园建设和长城文化研究提供了丰富多样的实体品类。本溪境内共有长城城墙遗址、城堡遗址、烽火台（敌台）遗址等239处。仅本溪满族自治县境内经文物部门确认的明长城遗址遗迹就有176处。从明成化五年到明万历三年，本溪满族自治县境内建成清河堡、碱场堡、一堵墙堡、孤山堡、孤山新堡和长达50多公里的长城，还建有113座烽火台，形成了完整的军事防御体系。

带着为本溪境内长城保护利用鼓与呼的强烈责任感和历史使命

感，我们很快提交了一份社情民意信息，报送市委、市政府供决策参考。这份信息得到了市委、市政府主要领导的批示肯定，为我们继续围绕长城保护利用建言献策增添了动力。

2020年10月底，本溪市政协接到首届中国长城论坛的特别邀请，我也有幸参加了论坛，亲眼见证了本溪向全国宣传推介境内长城丰富品类和宝贵价值的历史性时刻。

最令我引以自豪的是，本溪市政协持续围绕长城保护利用建言献策取得了明显成效，部分意见建议被纳入国家相关规划，市委主要领导参加市政协十三届四次会议分组时高度赞扬这项工作成果。目前，全市上下正在努力打造"请到本溪看长城"文化旅游品牌。

本溪有长城！请到本溪看长城！

（作者系本溪市政协委员、本溪市政协学习宣传文化和文史委员会主任）

为企业复工复产按下"快进键"

王仲青

2020年初，新冠肺炎疫情突如其来，锦州万得汽车集团有限公司响应号召停工停产。疫情防控进入常态化，复工复产就成了当务之急。锦州万得汽车集团有限公司是汽车零部件制造企业，在锦州成员企业有17家，员工达4500余人。按照锦州市委、市政府疫情防控的统一部署，自2020年2月10日起，企业开始陆续复工，到2月下旬企业复工人员达3500余人，整体复工率达到80%。然而，复工容易复产难。湖北和江浙地区是国内汽车厂的主要生产基地，也是零部件供应商的主要生产基地。万得集团的客户和供应商也大部分集中在这里。由于前期4S店库存积压、部分疫区的二级供应商没有复产等原因，整车生产基本处于半停产状态。企业面临危机，举步维艰。

2020年3月，锦州市委、市政府连续召集工业企业座谈会，深入了解工业企业复工复产所面临的迫切问题及需求。省政协委员、锦州万得汽车集团董事长曾庆东参加会议，并如实反映了企业遇到的困难：作为汽车产业链中的一环，万得集团大部分企业面临着订单大幅下滑的局面。预期未来3~4个月内都不会出现有效回款。同时，企业还要承受开工不足的供应商因为争抢货源而形成的采购成本压力，物流运输价格受疫情影响也在逐步攀升。希望市委、市政府能够在企业融资方面给予大力支持。

万得集团面临的问题也是其他工业企业遇到的难题。锦州市政协委员、市担保集团董事长吴畏建议：利用政府性融资担保手段支持资信优良企业融资，加速企业复工复产。先由市县两级政府筹措一部分资金存入银行作为资金池，由市担保公司进一步放大对合规企业进行无抵押信用担保，在不额外占用企业融资资源前提下为企业融资；办理过程要突出"快"和"简"。此项建议得到了锦州市委、市政府领导的高度重视，迅速采纳落实。

隶属于万得集团的 3 家核心企业在得到融资意向性通知后，从准备材料开始到最后各获得 3000 万元贷款，用了不到 17 天时间，创下万得集团融资历史上的"最快速度"。近 1 个亿的资金支持，极大减轻了疫情带给企业的巨大压力。经过后 3 个季度的努力拼搏，万得集团 2020 年经营业绩不降反升，同比 2019 年增幅达到 25%，成绩喜人。

为了最大程度降低新冠肺炎疫情影响，锦州市充分发挥政府性

融资担保增信杠杆放大作用，强化银担业务协作，保障资金供给；锦州市担保集团勇于发挥地方政府性融资担保体系的龙头引领作用，打破常规，敢于担当，放宽担保条件……这些实际行动促进了锦州重点骨干工业企业复工复产，有效推动地方经济平稳健康发展，切实起到了压舱石的作用。据了解，受惠的企业超过50家，担保金额超过10亿元。截至2020年底全部回款，未出现任何一笔违约，真正做到了"银企双赢"。

作为锦州市工业企业的一分子，必须为他们点赞！

（作者系锦州市政协委员、锦州万得汽车集团有限公司投资部部长）

我的"机器人梦"

曲道奎

> 沈水泱泱穿城而过，
>
> 新乐遗址悠远静默。
>
> 昨日故宫载录传说，
>
> 今朝辽沈创新开拓！

沈阳，曾以众多"共和国第一"的辉煌成就登上近现代中国工业之巅，而今又在老工业基地振兴的伟大征程中重塑基因、续写辉煌。我对沈阳有着别样的情愫，我的人生怀梦于此，逐梦于此，更圆梦于此，这片热土让我爱得深沉！

我师从"中国机器人之父"蒋新松院士，也正是在蒋老和前辈们的积极推动下，机器人被列入国家"863计划"，为中国机器人事业发展铺就了一条成长之路。

在我刚接手研发机器人这个重任时，国内机器人产业尚处萌芽期。还记得我第一次来到沈阳，看到老铁西工厂林立、人流往来、钢花飞溅，真是激动不已。但在欧洲求学的经历让我"开眼看世界"，当见识到世界顶级工厂的生产线上，一列列机器人龙腾虎跃，我坚信这才是未来工业真正的样子，并且这样的技术中国也要有，

沈阳也要有。于是我毅然放弃在德国的优厚待遇回到沈阳，在一间不大的机器人实验室里开始了自己的机器人梦。

沐浴着鼓励科技人员"下海"创业的政策春风，新松公司于2000年4月30日注册成立。沈阳不仅是中国机器人的摇篮，也是新松创业的根据地和发展壮大的大本营。新松扎根沈阳，凭着"产业报国、科技报国"的信念，义无反顾地走进"无人区"，历经市场捶打磨炼，在与国外老牌龙头企业抗衡中成长壮大，一次次打破垄断、填补空白，从达成首笔市场订单，到中国机器人首次出口，再到中国机器人"第一股"正式上市……新松历经起步、追赶、并肩、领跑，把"不可能"变成"可能"，书写了中国机器人产业的发展史。

沈阳和新松携手同歌。东北正处于振兴发展的关键时期，改造升级"老字号"、深度开发"原字号"、培育壮大"新字号"成为最重要的三篇大文章。新松责无旁贷，结合沈阳产业结构转型升级需求，用新技术赋能老产业。同时，新松以沈阳之名投身深中通道、葛洲坝等国家重点工程项目建设，展现沈阳"智造"新高度。

  沈阳和新松闪耀世界。新松一次次作为"沈阳名片"亮相国内外重要舞台，2018年韩国平昌冬奥会闭幕式上，24台新松机器人与24个舞蹈演员以天衣无缝和无懈可击的表演震撼世界，文化与科技的完美融合向世人展示了中国机器人的发展新高度。2019年中华人民共和国成立70周年大会，新松机器人与小演奏家在"展翅腾飞"辽宁彩车上携手联弹，一曲中华赞，响彻彩云间，再令世界瞩目。

  沈阳和新松风雨同舟。在2020年新冠疫情阻击战中，新松彰显使命担当，第一时间捐助总计价值610万元的系列机器人产品及智能医疗辅助设备，支援沈阳抗疫一线，以强烈的社会责任感，火速响应党和政府要求，最短时间内成功研发平面型及N95型口罩生产线，"全民皆兵"抢工自产口罩，保障复学、复工需求。

  新松闯关攻坚跃上世界舞台，这一路离不开沈阳市委、市政府坚持创新驱动的决心、推动振兴发展的信心、改善营商环境的恒心、升华服务温度的耐心。未来，新松将进一步依托在软、硬件领域的综合优势，助力打造"创新沈阳""智慧沈阳""数字沈阳"。

　　沈阳，一座美丽的城市，这里有温暖、有事业、有希望，有古老动人的故事，有梦想成真的舞台。

　　（作者系沈阳市政协委员、沈阳市新松机器人自动化股份有限公司总裁）

扎根辽宁的安徽人

邴静煦

在沈阳的大街小巷，常能看到印着"方林装饰"字样的黄色面包车匆忙奔走。这些疾驰而过的亮色，算得上城市生活的一道风景。方林集团董事长王水林和我都是青联委员，我们在参政议政活动中相识，逐渐熟悉，深入了解，他的奋斗故事让我感动。

1993 年，15 岁的王水林只身离开安徽老家，来到沈阳闯荡。他从木工干到多个家装工种，挣到的工钱比老家多好几倍，工友质朴热情、豪爽大方，让他虽然独在异乡也能感到家的温暖。随着来沈阳务工的安徽老乡数量增多，家装行当经验积累越来越丰富，他萌生了把大家聚在一起发展的念头。2000 年，方林装饰有限公司创立，这是沈阳第一家拥有"自有工人"的装饰公司，也是当时家装行业的一面旗帜。承诺水电一次包死，任意改造，零增项，带动行业规范化、优质化的各项突破；承诺"终身保修"，成了全国家装行业内第一个"吃螃蟹"的人。始终瞄准行业前沿，保持服务标准和质量，方林从最初的小公司发展成拥有 1 万多名员工的大集团，业务范围已经从沈阳扩展到辽宁全省，延伸到东北三省乃至内蒙东四盟，再扩展至合肥、武汉、南京、重庆等诸多省会城市，树立了良好的品牌口碑。作为方林的掌舵人，王水林的财富和名气直线攀升，但他还是我们初识时的那个人，谦逊平和，踏实肯干，爱琢磨事儿，心怀感恩。为了不断提升员工个人素质和技能，他每年拿出几百万元用于培训；为了给员工提供高品质的居住环境，解决子女教育问题，他以徽派精工为基准，建造方林家园；员工老家亲人生病，他细心地把看病、住院、护理等各个环节都安排好，分文不收；每年过年，他都安排"幸福返乡号"送员工回老家和家人团聚。在他的感召下，方林的凝聚力越来越强，疫情期间，集团400多名项目经理无一离职，创造了行业内的"神话"。

他是安徽人，更是在沈阳的创业人，他始终不忘履行社会责任，回馈见证他成长的第二故乡。新冠肺炎疫情暴发时，方林集团第一时间向沈阳市定向捐赠150万元现金及物资，用于采购抗疫急需的药品、口罩、防护服、护目镜，为医护工作者提供防护保障与支持。接到雷神山医院援建任务后，他火速召集工程人员，带队驰援武汉，将负责的雷神山医院板房隔断与拼接相关工作按时、保质、保量地完成，展示辽宁企业的好形象。他非常重视教育和人才培养，集团

向省光明孤儿学校捐赠 150 万元，向东北大学张学良基金捐赠 100 万元……仅 2020 年至 2021 年上半年，方林的累计捐款就已达到 800 万元。

我问过王水林，有的企业做大了就会把总部搬到北上广深去，方林为啥守着沈阳不走呢？在沈阳有规模的家装公司很多，安徽人为啥都愿意跟着你干呢？他说，沈阳成就了我，方林集团的根扎在这里，走不了；方林集团是安徽老乡在沈阳的大家庭，工友们有亲情一样的感情，舍不得走。来自安徽的集团工程中心总经理陈淼和在方林工作了 21 年，他始终没有"外乡感"，因为这里的人不排外、不欺生。电商中心经理方欣是"90 后"，她曾经和很多年轻人一样频繁跳槽，在各个城市间辗转，来到沈阳 7 年，她打破了自己在一个城市工作最长时间的纪录，通过奋斗买下了 130 多平方米的房子……像他们这样从试试看到留下来的人，占集团员工总数的近80%，他们共同的感受就是收入可观、工作愉快、生活幸福。

从某种意义讲，王水林带领的这群安徽人应当叫作新辽宁人，他们在辽宁的发展中奋斗、成长。看着方林集团发展的势头持续向好，我由衷地为王水林感到高兴，为我的家乡感到高兴。方林只是无数个在辽企业发展的缩影，城市、人才、企业、环境，在彼此的共生中成就更美好的未来。

（作者系辽宁省政协委员、盛京银行股份有限公司总行机构业务部副总经理）

"满药之都"蓄势待发

路 遥

满族医药，作为民族瑰宝，珍藏于满乡民间、宝藏于清宫皇家。2008 年开始，丹东市着力发掘满族医药、复兴满族医药，使其更好地服务于人类社会，填补我国满族医药发展的空白。

2014 年，丹东市政府紧紧抓住医药产业结构调整升级的有利时机，印发了《关于大力扶持丹东满族医药产业发展意见》，明确提出，通过做强龙头企业、做大企业群体、扩展原料基地、建立创新支撑、打造驰名商标等措施，形成独具丹东特色的药材种植、饮片、药品、食品、保健品生产系列化的"健康产业"集聚，使满药成为丹东工业经济新兴的支柱性产业，将丹东打造成"中国满药之都"。

受益于政策推动、市场驱动，众多丹东企业与研究院所开展产学研合作，进行了许多基础研究和产品开发工作，形成了从理论基础到资源整合、从产品研发到新技术应用的完整产业链，涌现出饮片加工、药品制造、保健食品等领域的满族药产业集群和一批龙头企业，在药材种植上形成"公司+基地+合作社+农户"的合作模式，拥有多个省级著名商标和品牌，并在国际上享有盛誉。

2016 年 8 月，中国满族医药及健康产业联盟在丹东成立，近 30 家企业、高校和科研单位成为会员。中国民族医药协会组织 7 人专

家组对丹东冠名"中国满药之都"进行了论证。在听取丹东市政府、丹东满药代表企业汇报,并实地考察满药生产线和药材基地实际情况后,专家组一致认为,丹东满药产业发展初具规模,产业链相对完善,同意给予丹东冠名"中国满药之都"。

丹东满族医药发展可追溯到百年前的安东永合祥大药房。它始建于清朝末期的1904年,前店后厂,由坐堂医问病开药,制剂由自家加工生产。1956年,永合祥大药房与丹东30余家药店全部实行公私合营,药房生产药品的部分发展成为国营性质的丹东中药厂。1998年,丹东中药厂转制,2008年组建丹东药业集团有限公司。

经过多年的挖掘整理,满药代表性企业编撰了《满族传统医药新编》,在理论上确立了满族医药学说。企业深入民间寻找满族医药秘方加以研制,从满族民间的"木鸡汤"研制出复方木鸡系列产品,以满族特有的道地药材核桃楸皮、木鸡为主要原料,临床上用于肝炎、肝硬化、肝癌的治疗。在清廷秘方《八珍益母丸》的基础上研究制成加味八珍益母系列产品,用于治疗妇女气血不足、月经不调。

从满族民间的"二流汤"开发出菊蓝抗流感片等成方制剂。

如今,以丹东药业集团为龙头的丹东满药产业联盟已在凤城市、宽甸满族自治县、吉林省蛟河、黑龙江省的苇河林区等地建立了核桃楸、木鸡、益母草等10余种药材种植基地,保证了产品的满药基因及可追溯性。满族医药博物馆被评定为国家 AAA 级旅游景区,成为辽宁省首批中医药健康旅游示范基地。同时,丹东满药产业联盟充分利用辽宁省满族医药食品研究院这一平台,通过请专家、联高校,加快产品研发速度,让深藏于民间的宝贵遗产为民造福,将满族特色的药品、食品贡献社会,为百姓健康保驾护航。

(作者系丹东市政协委员、农工党丹东市委主委)

解民忧办实事，做好政务"总客服"

鞠艳芳

2018 年，针对朝阳市服务平台职能分散的问题，市政协营商环境民主监督组提出了"实现服务平台整合，高质量推进优化营商环境工作"的意见和建议。中共市委、市政府高度重视，要求市营商局负责做好具体工作。同年 10 月，"朝阳市 12345 政务服务热线平台"应运而生。

作为群众与政府的桥梁和纽带，12345 政务服务热线平台是受理企业群众诉求的主渠道，拥有便民服务、诉求受理、监督评价、服务决策、风险预警 5 项功能，主要受理群众的各类民生问题诉求、破坏营商环境的投诉、政策法规方面的咨询、公共便民服务信息的咨询、非紧急类问题的求助。

针对城市车辆增速快、停车泊位少、少数车主乱停车现象，朝阳市 12345 平台与市交警支队共同在全省率先推出免费挪车服务，有效解决了市民车辆被堵联系不上车主的问题。

2020 年，面对突如其来的新冠肺炎疫情，12345 平台再次发力，共受理各类与疫情相关的诉求和咨询 2000 余件次，相关部门根据平台提供的线索对外地返朝的 25 人采取隔离措施。平台还根据群众反映集中的问题，向朝阳市市场监管局和市商务局发出了《关于全市

防疫用品类和基本生活类用品价格上涨的提醒函》，为平抑物价上涨起到了重要作用。

2020 年，朝阳市 12345 政务平台荣获"全国政务热线最佳服务案例奖"，平台负责人孙大野也荣获了"全国政务热线最佳管理人奖"。

说到孙大野这个人，很多人都说他"不近人情"。2018 年 12 月的一天，我和其他营商环境民主监督员一起去市营商局进行暗访。刚到办事大厅，就看到一位女同志对着一个穿着市营商局工装的男同志在大声喊着什么，然后气冲冲地抹着泪水走了。我们向当时在场的一位市营商局年轻同志打听，原来，那位男同志就是孙大野，跟他喊的那位女同志是他的爱人。由于多年加班加点地工作，孙大野不幸罹患口腔癌，经历了 3 次大手术治疗，半侧脸部肌肉切除。当时他刚刚做完手术不到 3 个月，身体免疫力只是正常人的一半，为了能尽快完成市 12345 平台升级改造，如期投入运行，在胃管还未拔除的情况下，就回到岗位上带病坚持工作。他的爱人担心他身体吃不消，多次来单位劝他回家休息，可每次都被赶了回去。

在孙大野和同事们的共同努力下，升级改造后的 12345 平台于 2019 年正式投入运行，仅仅一年时间，平台就受理了各类诉求 20 余万件，办结率和群众满意率高达 99.6% 和 96.8%，为诉求企业和群众挽回损失 1636.8 万余元。

正是有了像孙大野这些人，正因为他们每一个人的努力和坚持，才有了朝阳营商环境持续向好的今天。相信在我们每一个人的努力下，朝阳的营商环境会越来越好，在助推经济社会高质量发展的道路上乘风破浪，一路前行。

（作者系朝阳市政协委员、朝阳市社科联秘书长）

让肉禽加工产业插上数字"翅膀"

王书江

今年 6 月中旬，省政协"提升农业科技创新能力加快推进辽宁农业现代化发展"月度协商座谈会在沈阳召开，我带着辽丰集团数字化创新的思考参加会议。听了与会委员、专家和省政府有关部门领导的发言后，我立足科技创新、打造肉禽食品加工产业集群的想法更加坚定，思路更加开阔起来，具体说就是要带领辽丰集团从传统的肉禽食品加工企业走上数字化转型之路，形成成本竞争力强的现代化产业集群。

23 年前，辽丰集团在市场经济的大潮中诞生，在党和政府的关怀下不断发展壮大。如今，辽丰已经在省内外拥有 9 家子公司，成为集种鸡孵化、饲料、养殖、宰杀、食品深加工及生物科技、农业科技于一体的产业化集团公司，"辽丰"品牌被评为辽宁省著名商标，产品行销全国各地。但是作为辽丰的当家人，埋藏在我心中的那个经济兴邦、实业报国的愿景目标还远远没有达到。

会后，我向省政协分管农业农村工作的副主席戴玉林汇报了自己的想法，他对我的想法给予了充分肯定和鼓励：辽宁是农产品加工和肉禽生产大省，这个产业进一步做大做强，必须走科技创新和数字赋能之路。在他看来，我的想法不仅对辽丰下一步的发展很重要，就是对整个辽宁肉禽产业发展来说都意义重大，他希望辽丰能先走一步打个样板，并表示省政协全力支持、积极协调助推。

随之，在玉林副主席和省政协农业和农村委员会的支持下，我率领集团员工开启了快节拍工作节奏：

与中科院沈阳自动化研究所、东北大学机械工程和信息学院等科研单位取得了联系，邀请相关科研团队到企业开展数字赋能调研，之后又与数字赋能课题组进行了会商，积极助推企业与科研单位的技术对接；

与省科技厅、省农业农村厅、省农业发展银行等单位建立工作联系；

随同省政协专题调研团组到禾丰集团，中科院沈阳自动化研究所，大连工业大学，宽甸县、凤城市、瓦房店市等十几家科研单位和农事企业实地调研……

9月9日，省政协和丹东市政协数字赋能专题调研会在凤城市召开，会议由玉林副主席主持，辽宁省和丹东市领导，省市政府、政协相关部门负责同志，中科院沈阳自动化所、东北大学机械工程和信息学院等科研机构负责同志，凤城市委、市政府主要领导参加。

会上，企业与科研团队、政府部门实现了有效对接，在一些重要问题上取得共识，会议确定了以辽丰集团为试点，推动以凤城为中心的禽类加工数字化赋能，最终建成禽类生产、加工、销售的全产业链创新、制造基地的工作思路。

这次会议必将对辽丰的数字赋能和未来发展起到巨大的推动作用。辽丰集团肉食鸡加工生产线自动化水平在国内同行业中处于领先地位，年加工能力超过 1 亿羽。但是，有些生产环节自动化水平还不够高，有的环节还是人工操作。比如"抓鸡"这个环节，现在用人工办法，鸡翅折断、瘀血率占总量的 20% 左右，若能实现自动化，仅此一项每年利润就能增加数百万元；比如冷库的"码垛"环节，目前还是用人工，若采用自动化技术，每年能减少支出近 3000 万元；还有鸡肉脱骨、成品包装、仓储物流等方面精细化水平都有较大提升空间。9 月 9 日会议后，这些都列入到近期技术攻关计划；自动化生产线以及各生产环节的单品器械，工厂数字化解决方案，列入到远期发展计划。数字赋能无疑会给辽丰的未来发展注入新的活力，带来更为强劲的市场竞争力。

辽丰 23 年创业发展的历史，也是我们见证辽宁营商环境不断向好的历史，正是因为营商环境的不断改善，我们的企业才得以不断发展壮大。担任政协委员时间不长，但我深刻体会到，政协是一所大学校，在这里学到了很多。特别是，我感到政协就是"委员之家"，在这里我感到温暖，更感到励志，在我的事业发展上政协给了我有力的支持。作为一个企业经营者，应该常怀感恩之心。我想得最多的一件事，就是要踏踏实实办好企业，尽心尽力回报社会。为此，我会不懈努力！

（作者系辽宁省政协委员、辽丰集团董事长）

"争气钢"回家　"友谊桥"长存

张冠群

　　2018 年 10 月，在古都南京，鞍山市政府代表从南京长江大桥的新一代建设者手中正式地接回因大桥维修改造而拆卸下来的老部件。这些刻满光辉历史的"争气钢"将衣锦还乡，回到它们初生的地方，接受世代瞻仰。南京市政府、中铁大桥局集团有限公司与鞍山市政府、鞍钢集团在南京长江大桥标志性建筑——桥头堡下举行了"南

京长江大桥老部件收藏仪式"，鞍钢博物馆相关负责人将收藏证书送给了南京长江大桥维修改造工程的施工方——中铁大桥局集团有限公司。

南京长江大桥是长江上第一座由我国自行设计建造的特大型公铁两用桥。1956年，新中国做出了在南京建设长江大桥，贯通京沪铁路线的决定。由于历史原因，当时国内还没有生产符合大桥建造要求的钢材技术，国外企业或是不愿提供相关技术，或是产品质量不合格。周恩来总理把生产建设大桥所需钢材的重任交给了鞍山钢铁公司。在当时的技术装备条件下，鞍钢人硬是凭借艰苦奋斗的精神研制生产出了6.6万吨优质钢材，建成了举世瞩目的南京长江大桥，鞍钢生产的这批钢材也因此被称为"争气钢"。

从1968年12月南京长江大桥全部竣工通车至今的50余年时间里，南京长江大桥依然是南京乃至江苏省的交通要道，也是全国贯通南北的重要节点，为南京市、江苏省乃至全国的经济社会发展做出了巨大贡献，是新中国桥梁史上的一座丰碑。也就是从那时起，南京与鞍山两座城市结下了深厚的友谊。

从 2016 年 10 月起，为消除大桥耐久性病害，保障公路、铁路的安全运营，大桥再一次聚集了新一代的桥梁建设者，他们以科学严谨的态度，传承老一辈大桥建设者的奋斗精神，对大桥实施精心的维修改造，使大桥再一次焕发青春。本次拆卸下来的老部件仅是大桥主体结构的一小

部分，90%的老钢材、老部件仍在继续使用中。南京市政府将拆卸下来的大桥老部件赠予鞍钢博物馆收藏，作为鞍山与南京友谊的历史见证。

秦淮流载千般忆，钢花彩缀万里情。南京长江大桥的修建促进了南北两岸的发展，从此天堑变通途。鞍山、南京两次对口合作，也为两市之间再次架起了一座划时代意义的新的桥梁。本次活动不仅仅是一段钢梁的传递，更是一种精神的传承。

（作者系鞍山市政协委员、鞍山市城市建设发展投资运营集团有限公司战略投资发展部部长）

鲁班工坊带着"辽宁智慧"闯世界

韩丽华

　　"悠悠衍水，巍巍白塔，辽宁建院，满园芳华……"作为辽阳市政协委员，我带着对职业教育特色发展、高质量发展、国际化发展的希冀与探究，来到了这所厚植浓郁文化底蕴、技术技能精湛的省属高职院校——辽宁建筑职业学院，进一步了解东北地区以及东盟国家常常谈起的"马来西亚鲁班工坊"。

交流才有发展，互鉴方能同行。2019 年 4 月，辽宁建筑职业学院积极响应国家"一带一路"倡议，深化职业教育综合改革，加快推进职业教育国际化，快速提升职业教育国际化水平，盛邀马来西亚新纪元大学学院、在马中资企业一行，到校开展交流合作洽谈，就在马来西亚建设鲁班工坊等事项达成合作意向并签署合作备忘录，开启了"马来西亚鲁班工坊"职业教育国际化品牌建设的新征程。

2020 年 11 月 13 日，在辽宁省各级政府部门的支持下，在中国驻马来西亚大使馆、马来西亚驻中国大使馆的共同推动下，辽宁建筑职业学院和马来西亚新纪元大学学院、中国驻马来西亚合作办学企业精诚合作，"马来西亚鲁班工坊"正式揭牌。这是马来西亚首个鲁班工坊，也是东北地区在海外建立的第一家鲁班工坊，标志着辽宁省优秀职业教育成果正式输出国门与世界分享。

鲁班工坊重点面向马来西亚等东盟国家，基于当地经济产业发展的人才需求，输出我国先进的职业教育理念、优质的职业教育资源和教学模式以及企业产能和服务，培养既具备国际视野、通晓国

际规则，又具有创造性思维、实践能力和创新能力的本土化技术技能人才。在技术技能人才培养培训等项目上，呈现了与众不同的特色，取得了令人瞩目的成就，增进了中马两国人民的友谊。

育新机开新局，要有新思路。由于新冠肺炎疫情影响，鲁班工坊第一期培训班开班仪式于 2020 年 12 月 14 日在线上线下同步举行，开设了 BIM 建模等 4 门课程，突出辽宁职业教育校企合作、国际合作内涵性成果，呈现"互联网+职业技能"的教学载体应用，形成了独具中国特色的、具有国际竞争力的职业教育品牌。

只有把握未来发展的新趋势、大趋势，形成职业教育发展的大战略，才能开启新思路、创造新机会，打开新的发展局面。2021 年 9 月，鲁班工坊关于中马建筑类专业人才联合培养项目被评为"中国—东盟特色合作项目"，并受邀参加中国—东盟职业教育国际论坛，相关负责人做主旨发言，形成了强大的国际影响力。

目前，鲁班工坊已建设完成孔子学堂、陶艺馆、茶道茶艺体验中心、建筑信息模型体验中心、虚拟现实体验中心、建筑实体模型体验中心、无人机应用体验中心及1200平方米的鲁班工坊国际教学中心。同时，鲁班工坊正在积极拓展中外合作办学项目，进一步打造集教学、实训、会议、住宿、餐饮于一体的国际教育学院，引领区域职业教育国际化发展，打造行至必远的辽宁职业教育对外开放新前沿、新高地。

我相信，在中国这片肥沃的创新土地上，在辽宁省全面振兴、全方位振兴的发展道路上，辽宁建筑职业学院马来西亚鲁班工坊不仅充分贯彻了习近平总书记关于职业教育重要论述精神，更是辽宁省职业教育走向国际化的新窗口，为世界职业教育发展贡献了中国方案、辽宁智慧。

（作者系辽阳市政协委员、辽宁建筑职业学院党委书记）

一位青年企业家的"副"业

乌春雷

我是共青团和青联界别的辽宁省政协委员，经营着紫砂陶艺等行业的几家企业，可是在同行眼里我"不务正业"，因为我心心念念去办一座名叫东蒙的民间博物馆。

东蒙博物馆在辽宁省喀喇沁左翼蒙古族自治县，收藏了与蒙古族生产生活、民俗文化相关的各类藏品近 3000 件，有些单品类藏品已经形成系列，如马镫、弓箭、乐器等。博物馆的墙壁上挂着一幅用一张张火车票拼接而成的中国地图，从不需要身份验证的粉色到实名制的蓝色，从最北端的黑龙江省到雪域高原的拉萨……记录了我十几年四方奔走收集藏品的足迹。

馆内有件藏品来之不易！这是一颗通明剔透的宝珠，珠内用微雕工艺雕刻出一座米粒大小、宝相庄严的普贤菩萨像。宝珠的主人名叫乌瑞兰，是喀左南公营子原王爷府王爷仅存的"格格"，她是尚且健在的近代喀喇沁左翼蒙古族历史的见证者。乌瑞兰老人住在北京，却时常念叨着祖辈的老家喀左，宝珠是她家的祖传之物，要代代传续下去。得知家乡的有志青年要办博物馆，老人万分纠结，辗转反侧，最终还是遵从崇信重义的蒙古族文化精神，将宝贝送回了

100

久违的故乡。

馆内有件藏品藏着深情！这是一副选择精铁材质、使用"错金工艺"打造的马镫，是过去蒙古族王公贵族使用的物件。马镫的主人住在葫芦岛市建昌县，马镫是他的一个念想、一份感情，很多买家络绎上门高价求购都被谢绝。为了这件藏品，我半年三去建昌，马镫的主人被感动，来了一趟东蒙博物馆。打量着一件件从四面八方回归故乡的老物件，述说着一桩桩喀左蒙古人曾经的过往，马镫的主人心田暖了，眼窝湿了，马镫住进了博物馆。

很多人不解地问我：你不好好经营企业，去建个博物馆图啥？我说：经营企业年头越多，越觉得文化重要。建博物馆能让自己的心静下来，让更多的人感受文化的力量。有朋友质疑我：怎么把博物馆建到辽西的一个县里去呢？我说：喀左是我老家，这些年日子越来越好过了，很少有人在意那些承载几代人甚至几十代人奋斗历

史的老物件了，老物件一旦消亡，文化也就湮没了。我得尽我所能干点啥。喀左东蒙博物馆从无到有，从无人问津到小有名气，先后被命名为"辽宁省爱国主义教育示范基地""辽宁省少数民族特色项目基地"，如今已经成为喀左亮丽的文化名片之一，越来越多的人慕名而来。

让人感到更加震撼的是，正在东蒙博物馆举办的庆祝中国共产党成立100周年专题文献展，展出了我多年征集收藏的中国共产党和新中国成立以来重要历史文献1000多件，这些珍贵文献资料完整系统地再现了百年来党的光辉历程和伟大成就，生动深刻诠释了中国共产党为什么能带领中华民族走向胜利、走向复兴。其实，这也是我多年来在创业成长的道路上一直追寻和探究的问题，今天，我要把答案通过一种独特的方式告诉更多的人，特别是青年人。如今，展览已经免费接待了来自朝阳市和喀左县党政机关、学校、企业等各方面观众80多批次2000多人次。1949年发布的《政协章程》、中共七大时期的《中国共产党章程》和那些泛黄的记录着党和新中国重大历史事件的老报纸等一批珍贵历史文献深深吸引着参观者，大家久久不肯离去。

只要心怀热爱，自有万般精彩，小小的民间博物馆，承载着政协委员的担当和情怀。我踏踏实实做着想做、能做的事，辛苦但快乐着。

（作者系辽宁省政协委员、朝阳市喀左县东蒙博物馆理事长）

擦亮"办事不找人"的城市名片

陈秀娟

　　2021 年，大连市中山区政府提出在全市首推个体户"审管分离"改革，个体工商户审批实行"集中办、综合办、全程帮办"；将企业生命周期划分为"初创、发展、退出" 3 个阶段，全周期推行"十个一"精准服务；围绕初创阶段"批"的需求，提升行政审批便利度；服务环境全面升级——打造规范化、集约化、智慧化、全时化新型政务服务大厅……一系列的改革措施让中山区营商环境面貌一新，擦亮了"办事不找人""审批不见面"的城市名片。

　　近年来，中山区优化营商环境工作积极创新，探索行政审批服务管理新模式，与我们区政协委员的积极建言密不可分。

　　事情要从 2019 年 2 月说起，大连市全市营商环境建设工作会议闭幕后，中山区委、区政府启动"营商环境建设三年攻坚"行动，主要领导亲自挂帅，实行"一把手"负责制，高位推动"书记工程""区长工程"。

　　作为一名政协委员，我积极参与到调研活动中。2020 年 11 月 9 日，我们成立调研小组，制订调研方案，围绕中山区小微企业申办情况，兵分两路，先后到中山区市场监管局、人民路市场监督管理所、青泥洼桥市场监督管理所、中南路市场监督管理所和中山区公共行政服务中心开展无陪同无预约体验式调研。

调研中，委员们发现了不少问题。比如，个体工商户审批事项由属地市场监管所分散办理，虽然满足了"就近办"的需求，但弊端较为明显。因为地点分散、自由裁量导致统一管理难，经常出现申请人跑多次、办理难情况。另外，因为市场监管所既审批又监管，容易出现"以批代管""难批欠管"的情况，与国家确立的"宽进严管"要求相悖，易滋生行政权力"寻租空间"等风险隐患。具体的工作中，我们还发现了包括辽宁政务服务网申办系统升级影响工作、申办后的工作服务不达标等问题。

面对调研结果，委员们认真研讨，积极探索，提出"抓好落实措施环节""强化学习和培训""注重申办前的指导工作"等多项建议。令人欣慰和振奋的是，中山区委、区政府高度重视我们的调研报告，营商管理局派专门科室负责人登门，答疑解惑，认真采纳政协委员的建议。

中山区大胆改革先试先行，制订了《中山区个体工商户审批事

项集中综合受理实施方案》，设计了清晰规范的业务流程，与政务服务大厅内原有综合受理、证照联办、全程帮办的服务功能衔接，在17个无差别"全综合"受理窗口全程帮助申请人进行电子化申报、表格填写和证件复印，并设置"值班长"，随时进行业务指导、答疑解惑，解决了申请人电子化操作弄不懂、不会办的问题。同时，个体审批实行"独任审核"，只要材料齐全，申请人不用离厅，立等可取，真正实现了"一窗受理、一帮到底、一站办结"。

企业开办"一站式"、许可审批"一链式"、信息联动"一键式"、重点工程"一证式"、政务办理"一窗式"、重点领域"一户式"、诉求调解"一环式"、信用建设"一网式"、简易注销"一门式"、破产案件"一庭式"，中山区的"十个一"精准服务，让"办事不找人""审批不见面"真正落到了实处，并已经成为工作常态。

（作者系大连市中山区政协委员、辽宁博慧教育集团总经理）

基层政务服务得这样做

杜 妍

　　最近一段时间，铁岭调兵山市的老百姓都在议论一件事：去过政务服务驿站没？办事老痛快了！以往需要在政务服务大厅办理的低保优抚、涉农惠农、市场准入等手续，如今在自家门口就可以办理了。残疾人和高龄老人只要通过微信、QQ 等方式提交相关要件，驿站就会在第一时间将办好的手续送到家里。

　　这样的政务服务驿站在调兵山市总共有 63 个，覆盖了乡镇（街道）、村（社区），标准统一、智能便捷。农民最关心、办理数量最大的参保登记在驿站提交申请，行政部门在线即时审批；棚户区改造搬迁进城的居民以前办事需要回到村屯，现在只要到社区驿站就能办理。驿站延伸到自然屯、居民小区和重点企业，实现了"就近能办、多点可办、全域通办"。国投生物能源（铁岭）有限公司40%的员工是从吉林、黑龙江、河北等公司调转过来的。驿站建成后，员工利用就餐之后、休息之余等空闲时间就能办事，再也不用回到市区，跑到窗口去排队。村屯居民不熟悉办事流程和线上操作，驿站服务主管就主动帮忙，此举让居民非常满意，经常自信地说："有事我就找服务主管，都能给解决。"驿站还开通了"云端应答"，实现服务对象与 24 个职能部门的视频连线，可直接反映问题或提出意见建议，有效解答、处理了群众关心的供水、供暖、物业以及社

会保障、市场准入等热点问题。

为了保证驿站服务工作质量，市政府采取了一系列措施打造政务"铁军"：面向社会招聘村和社区服务主管，服务企业、群众，受理审批事项、组织志愿服务、接待群众投诉、了解基层声音，人员归市政府统一管理。建立了人员管理、培训、考核机制，每周汇总工作问题，通过实际案例演示提高处理复杂问题的能力；每月全员考核，随机抽取服务主管，现场模拟事项办理，提升工作能力。

调兵山的政务服务驿站是铁岭市"一网通办"工作向基层延伸的试点，在总结经验的基础上向全市范围内推广。

政务服务驿站不大，但是处理的事情却是老百姓生活中的大事、难事、烦心事。服务向前一小步，群众方便一大步，凝心聚力就在这些毫不起眼的日常工作之中。

（作者系辽宁省政协委员、铁岭市人民政府副市长）

新官理旧账

孙亚娟

　　我经营着一家物流企业，坐落于辽宁自贸区营口片区。这些年企业逐渐发展壮大，与营口市政府和自贸区管委会保姆式的服务、家人般的关怀、竭尽所能为企业排忧解难保驾护航的担当密不可分。尤其是去年，营口市政府啃下硬骨头，为我们 104 户企业解决了不动产证办理历史遗留问题，这件事儿在我们企业圈广为流传，让企业家在营口创业发展更加安心、更加放心、更加舒心。

　　事情源于 2018 年 6 月市政协主要领导到自贸区走访委员活动，在那次走访中，几位企业家委员反映了自贸区内原站前工业园区 37 家企业无法办理土地使用证的问题。市政协摸清实情，找准症结，迅速向市委、市政府报送了社情民意信息《37 家企业无法办理土地使用证问题应引起重视》。市委、市政府高度关注，市委书记和市长均做出批示。市政府多次召开专题协调会，就企业土地招拍挂流程、土地挂牌流转资金等问题予以实时推进。站前区政府出资 4780 万元，有偿收回了抵押给银行的土地。自贸区管委会成立解决企业历史遗留问题专门工作组，为我们企业承担了 1.1 亿元的土地出让金流转资金。在各方面的努力下，我们陆续拿到了土地使用证。

　　然而，由于情况复杂，有些企业还是暂时无法办理土地使用证，办理了土地证的又涉及地上建筑物确权等新问题。2020 年 3 月，营口市政协对我们 37 家企业进行电话回访，还通过微信发放问卷进行调研，调研范围从原 37 家拓展为涉及不动产证办理的 104 家。在深入调研的基础上，市政协又向市委、市政府提交了推进企业不动产证办理的调研报告，提出建立容缺机制、加强制度创新、分类指导帮扶、明确办理时限等对策建议。

营口市政府创新招法，加速推进，对资金、地上建筑物确权等瓶颈问题多次精心研究，精细部署推进。自贸区管委会加大制度创新力度，对历史遗留问题的企业"特事特办"，坚持前置要件"能省则省、能减则减、能合则合"，重新规划了不动产登记业务路径，采用"规划核实意见替代规划核实合格证、质量鉴定报告鉴定结论替代竣工验收手续、消防验收意见替代消防验收审批文件"等整合程序环节，实行了"全流程再造"，为企业开辟了历史遗留问题解决企业不动产权属登记"绿色通道"，还会同住建、自然资源以及规划

等部门到企业现场办公，为企业提供专业的建筑规划设计整改思路指导。2020 年 10 月底，104 家企业地上建筑物确权终于全部完成。

有了不动产证，企业的资质就健全了，跟大企业合作，企业提档升级，我们更有底气了。尤其体现在贷款方面，以前是我们到处找银行，现在是银行主动找我们，利率也比原来靠担保公司少了很多。据了解，这 104 家企业中，有 80 余家得到了有效盘活。

市政府新官理旧账、刀刃向内积极解决历史陈欠，市政协一竿子插到底、持续监督发力、推进问题解决的担当与作为，让我们十分感动。当前，全省上下都在倾力打造富商、安商、亲商的营商环境。什么是最好的营商环境？我想，最好的营商环境就是新官理旧账，政府诚信有担当。

（作者系营口市政协委员、营口万宝物流有限公司总经理）

回乡创业开辟动漫新天地

徐 舵

　　7 月 22 日，中共盘锦市委、市政府举办 2021 年第二次高质量发展项目观摩活动。活动期间，盘锦市主要领导来到盘锦蓝晶动漫艺术学校，全面了解学校建设情况。我作为盘锦市政协委员、盘锦蓝晶动漫艺术学校的创始人，在工作汇报中提出了"以动漫产业助推盘锦市高质量发展""以动漫产业助力盘锦市奋力建设辽宁全面振兴全方位振兴先行区"的构想和建议。市领导拍着我的肩膀说："动漫产业是朝阳产业，小伙子，好好干!"这句亲切的鼓励，更坚定了我以动漫产业为家乡做贡献的信心。

在建的盘锦蓝晶动漫艺术学校是一所以动漫专业为主要方向的三年制民办中等职业学校，是盘锦市兴隆台区第一所中职学校。我作为学校的创始人，是一名90后归乡创业青年。2018年4月，我毅然从南方回到家乡盘锦，创办了盘锦蓝晶动漫产业有限公司，填补了盘锦市动漫产业领域的空白。

创办蓝晶动漫的3年多时间里，我带领团队积极推动红色动漫作品的创作，先后创作了多部红色漫画作品，用漫画讲好红色故事，让红色历史"活"起来，引导广大青少年阅读红色经典、传承红色基因、继承优良传统、激发爱党爱国情怀。红色漫画的创作受到了省、市多个部门领导的高度肯定和支持。

同时，我还带领团队积极投身于公益作品的创作中。2020年以来，我们创作了《众志成城，战胜疫情》《盼·愿》等抗疫漫画作品，用实际行动助力新冠肺炎疫情的防控宣传，展现了广大医务工作者、科研人员和各行各业团结一心、同舟共济的精神面貌，充分体现了中国价值、中国精神和中国力量，传递了社会正能量。这些作品受到共青团中央、辽宁省共青团所属媒体等多家媒体多次、多平台的转载发布，覆盖数千万网民，产生了良好的社会效应，为打赢疫情防控的人民战争凝聚人心、汇聚力量。

　　为更好地提升市民文明素质，我带领团队创作了公益作品《盘锦文明有礼》口袋漫画系列手册，作品分为文明家庭、文明校园、公共场所、文明交通等七部分，是社会主义核心价值观具体化的生动体现。我们将3000本文明手册送到盘锦市各中小学校，赢得广大学生、市民的一致赞誉和好评。

　　动漫产业是盘锦市的新兴产业，也是一个轻资产、无污染、高附加值的产业，在家乡盘锦这片沃土上，我将认真履行政协委员职责，同时将继续带领蓝晶动漫团队努力拼搏，培养更多动漫专业人才，创作更多优秀动漫作品，服务社会、服务人民，为助推盘锦市高质量发展贡献智慧和力量。

　　（作者系盘锦市政协委员、盘锦蓝晶漫画有限公司董事长）

让"英雄"成为辽宁最耀眼的 IP

裴　奔

这是一片盛产英雄的土地。抗日战争时期，东北抗联曾在这里消灭了大量的日伪军；解放战争时期，三大战役之一的"辽沈战役"在这里打响；抗美援朝战争中，作为反帝的前沿，又是可靠的大后方，无数的中华儿女带着对祖国的忠诚、对人民的热爱，义无反顾地跨过鸭绿江，冲锋陷阵、保家卫国……无数先烈将他们的热血青春永久注入辽宁 14 个城市的一砖一瓦、一草一木。

习近平总书记强调，要铭记一切为中华民族和中国人民做出贡献的英雄们，崇尚英雄，捍卫英雄，学习英雄，关爱英雄。如何以

弘扬习近平总书记所倡导的英雄精神为核心，结合辽宁的红色资源打造"中国英雄省份""中国英雄城市"形象 IP，为辽宁高质量发展提供强大的精神支撑和动力？作为一名在中央级媒体深耕细作多年的新闻人，我陷入了深深的思考……

今年是中国人民志愿军抗美援朝出国作战 71 周年。9 月 2 日，第八批 109 位在韩志愿军烈士遗骸及 1226 件烈士遗物回到祖国怀抱。9 月 3 日，在沈阳抗美援朝烈士陵园举行了安葬仪式。中央广播电视总台辽宁总站提前 15 天进行策划和筹备，与 20 多个部门进行多次对接协调，出色完成了此次重大活动的系列报道任务。大型直播《英雄回家——第八批在韩志愿军烈士遗骸归国纪实直播》全网置顶，并长时间占据热搜榜首，总观看量达 7045 万，各相关微博话题共上热搜 11 个。《英雄安息——第八批在韩中国人民志愿军烈士遗骸安葬仪式》各平台总观看量 3098.9 万。

回望整个筹备和报道过程，这次任务对于我和参与报道的辽宁总站每一名同事来说，都是一次更深入地认识这场战争、认识志愿

军战士的宝贵机会。我们请教了很多专家和参与了抗美援朝战争的老英雄，每一次讲述都是一次心灵的震撼。今天，我们知道这场战争我们赢了，但在70多年前，中国的钢产量是每年66万吨，而美国是7000多万吨，这是一个经历了百年战火蹂躏的农业国家和一个崛起的最强大工业国家之间的较量，而当时的美军又经历了二战洗礼，战斗力处在巅峰，可谓天下无敌。这样的力量对比之下，没有人会相信中国人敢跨过鸭绿江。有些年轻人认为，我们当年和美国人的这场战争是一种误会，如果当年能够多沟通就不会有那么大的牺牲。这样幼稚可笑的观点是因为不了解历史。丹东抗美援朝纪念馆的史料告诉我们，从1950年夏天起，美军的战机就已经开始轰炸吉林、辽宁位于中朝边境的村庄，美国的第七舰队也已经开进了台湾海峡。当战火烧到家门口的时候，没有一个侵略者会对弱小的一方心存怜悯。如果当年那场战争我们没有打，今天也许我们连和美国人平等讨论问题的资格都没有。越了解这段历史，我们越由衷地希望可以通过我们的镜头，让"英雄"成为民族最闪亮的坐标，让英雄以身许国、精忠报国的精神，成为民族永恒的财富。

在辽宁这片红壤沃土上，有悠久的经济传统、厚重的文化底蕴、

丰富的矿产资源……然而，更让辽宁人民值得骄傲的是奔腾不息的红色基因！

在抗美援朝战争中，辽宁的参军参战人数达到了32.2万人，是参战人数最多的省份之一，全省17岁至50岁的男子、18岁至45岁的妇女，及有运输力的牲畜、车辆、船只，都承担了战勤任务。辽宁也是牺牲英烈最多的省份之一，13374位辽宁儿女血洒疆场，保家卫国。战争期间抢建了57个飞机场，多数就在辽宁地区。一切为了前线，一切为了胜利！"要什么给什么、要多少给多少"的长子担当，不仅给予志愿军有力支援，也凝聚起伟人的精神力量！就让英雄的血脉，继续滋养这片土地；让英雄的品质，成为这片土地上的人们共同的精神气质！

我是辽宁人，我自豪，因为"英雄"是辽宁最耀眼的IP！

（作者系辽宁省政协委员、中央电视台辽宁记者总站副召集人）

118

潜心钻研十七载　只为河山更锦绣

陆秀君

　　"无山不绿，有水皆清，四时花香，万壑鸟鸣，替河山装成锦绣，把国土绘成丹青。"林业工作者可能都知道，这是新中国首任林业部部长梁希理想中的生态蓝图，这也是我和我所带领的研究团队对绿化事业的美丽梦想。

　　2020年，辽宁省科学技术奖励委员会发布年度科学技术奖励公报，我们团队的研究成果"东北地区耐寒景观树种引进培育与扩繁技术及其应用"荣获辽宁省科技进步一等奖。该成果的推广应用极大降低了东北地区绿化树种依赖进口的盲目性和风险性，丰富了绿化树种种类，对改善城乡生态环境、打造绿水青山和建设生态文明起到了积极的推动作用。

　　我是沈阳农业大学林学院森林培育学科带头人。多年来，我带领团队以北方地区优良乡土资源为研究对象，开展优良树种栽培生理生态、繁育理论与技术、生殖生物学以及森林营造理论

与技术等方面的研究工作。提起这次团队获奖走过的艰辛历程，我说得最多的一句话就是："17年啊，一直在坚持，从来没放弃。"

东北地区气候寒冷，绿化生产中优良品种少、色调单一、景观效果差及野生珍稀资源开发应用难，极大限制了城乡绿化与优质景观建设。针对这一重大关键科学难题，自2003年开始，我带领我的团队，潜心致力于耐寒景观树种资源培育与高效利用研究，创建了东北地区首个优良景观树种资源圃，从国内外和本地野生资源中引进收集乔灌木树种27种，79个家系、20个无性系，为科学开展木本景观植物引种选育工作奠定了基础。在我的带领下，团队驯化培育出美国红枫、沈阳文香柏、天女木兰等适应能力强、景观效果好的绿化树种，创建了适宜于东北地区耐寒景观树种高效繁殖技术体系；通过创新变温层积催芽法和芽苗播种技术，使天女木兰穴盘容器苗Ⅰ、Ⅱ级优质苗率达90.2%；发明了难生根树种插穗快速生根技术和不定芽诱导方法，美国红枫、北美香柏等难生根树种的扦插生根率达95%和92.9%；建立的以卫矛茎段为外植体的高效组培快繁技术，不定芽诱导率达70.67%，增殖系数23.51，突破了野生资源无性繁殖技术瓶颈；并研发出彩叶景观树种高效培育技术，有效延长了彩叶树种观赏期。

为实现科研成果快速转化应用，我们团队与苗木生产龙头企业和园林绿化公司无缝对接，培育各类绿化苗木3548万株，先后在辽宁南部（大连、鞍山）、东部（本溪）、北部（开原、铁岭）、中部（沈阳）进行大面积推广应用，新增绿地310万平方米，近3年累计新增产值9.18亿元，增加利润1.57亿元，成果辐射到黑龙江、吉林、内蒙等地区，带动了整个东北地区苗木生产水平的提升。该成果获授权发明专利3件，制定地方标准7项，发表论文45篇，累计培养研究生75名。3年来，还累计推广育苗面积6500余亩，培育苗

木3548.2万株，绿化面积310万平方米，新增产值91760万元，增加利润15789万元，经济、社会和生态效益显著，为景观效果提升和促进区域经济发展做出了贡献。

"东眺苍松，西顾长堤，南临浑水，北依天柱，圣地居中哺育农学士；春播良种，秋割丰硕，夏育禾苗，冬藏饱粒，耕者全岁建设新国家。"这是沈阳农业大学毕业生撰写的赞美母校的长联，也是我特别喜欢的一段话。我经常读给自己的学生听，因为它深刻地诠释出农业科技工作者的历史使命和责任担当。展望未来，我将带领我的团队继续努力工作，争取以更多更好的科研成果服务沈阳地方经济发展。

（作者系沈阳市政协委员、沈阳农业大学林学院教授）

让难心事"痛快办"

于永超

最近，丹东有个"小窗口"特别火，新华社、《辽宁日报》等媒体相继报道。啥窗口这么火？请听我跟您说。

这个"小窗口"名为"办不成事"反映窗口。它的"火"从一件平常小事就可以看出来。

4月的一天，丹东一位在外省退休20余年的老人来到丹东市人社局大厅"办不成事"反映窗口，向工作人员讲述了她的遭遇：老人的退休金由外省社保部门发放，今年由于代发机构地点、联系方式发生变更，老人无法上传认证证明，导致退休金停发。在了解老

人的情况后，工作人员立即联系对方省代发机构，仅用 1 个小时就帮助老人完成了异地认证手续。

说起这个窗口，还要从 2020 年说起。为进一步优化营商环境，丹东市相继开展了"应该办"、服务效能提升、降低企业成本、法治环境优化四个专项行动，其中的"应该办"专项行动就是从企业和群众的感受度入手，打造"痛快办事"的营商文化。在"应该办"专项行动开展期间，丹东市人社局针对一些因政策、历史遗留等方面问题造成的"疑难杂症"，创新工作方式，开设"办不成事"反映窗口。这一在全国首创的工作模式很快就得到了社会各界的广泛关注。

"窗口的'火'不能只是一时的，要保持长久'温度'还要有完善的制度作为保障。"丹东市人社局深入细致研究相关工作，建立了"办不成事"反映窗口工作制度、岗位责任制度、领导带班制度、奖惩制度和政务服务窗口"办成事"等一系列工作机制。在群众诉

求的处理上，确定"三种处理方式"：因群众原因办不成事的"马上办"，因工作人员主观原因办不成事的"科长办、现场办"，因历史遗留问题和政策瓶颈等客观原因办不成事的"提级办、限时办"。经过不懈努力，一件件老百姓的闹心事在这里办成了，大家拍手叫好、交口相传。正如窗口工作人员所说："这个窗口之所以得到百姓的称赞和好评，就是因为它确实想到了老百姓的心坎儿里。"

"以点带面，要让更多的群众享受到周到细致的政务服务。"这一工作得到市委、市政府领导的高度重视。丹东市营商局深入开展调研，迅速在全市推广此项工作经验。从制订实施推广方案到建立工作制度；从窗口的设置、职责、人员配备、受理范围的确定，到工作流程、考核管理和运行保障措施，全市36个政务服务中心先后建立起"办不成事"反映窗口。

同时，丹东市积极开展政务服务制度创新实践，全国首个5G智慧办税服务厅、创办"无人警局"、增量房契税自助缴纳、24小时在线社保自助服务等便民服务措施，打破了时间和空间的限制，使网上办、掌上办、指尖办、就近办成为新常态。"绿色通道""以函代证""告知承诺"和"容缺后补"等制度在实践中得到普遍应用，也让"痛快办事"的政务服务新理念在全市兴起。

一扇"小窗口"成为为民服务"大平台"。"办不成事"反映窗口的开通，为企业群众办事的痛点、堵点找到了"出口"。这一创新工作模式也激励我们所有奋战在营商环境建设战线的工作人员，在今后的工作中以更高的标准、更务实的作风，加倍努力做好本职工作，不断改进和提升政务服务水平，为开创丹东市营商环境建设新局面贡献自己的一份力量。

（作者系丹东市政协委员、丹东市营商局副局长）

锦绣之州 东北陆海新通道

韩 彤

辽宁锦州，中国最北海港城市，在走向复兴之路的中国、在吹响号角的东北振兴中，又迎来了新的重大发展机遇！

推进东北陆海新通道建设，是以锦州港作为海陆交汇枢纽，横向牵引辽宁沿海经济带整体发展，畅通沿海各市的经济联系并与京津冀经济圈紧密互动。

向东紧密连接日韩，打通东北地区与蒙古国、俄罗斯直至欧洲

发达国家的"辽蒙欧"国际运输陆海联运通道，为东北地区开通一条最便捷的、通往欧洲的中蒙俄经济走廊新通道，促进海陆双向开放。

向西建设一条途经辽宁省锦州、朝阳、阜新，内蒙古自治区赤峰、通辽，直达中、蒙边境内蒙古自治区锡林郭勒盟珠恩嘎达布其口岸，连接蒙俄，通达欧洲的铁路通道。

向北连通松原、白城、大庆、齐齐哈尔、兴安盟、呼伦贝尔、满洲里等重要城市，构建东北地区综合立体交通网络。

锦州，中国雄鸡颈上的这颗明珠将充分发挥"桥头堡"作用，带动、辐射沿线市盟，开启东北振兴、京津冀协同发展、"一带一路"对外开放的新发展之路！

2021年2月4日，锦州、阜新、朝阳、内蒙古自治区锡林郭勒、赤峰、通辽、锦州港共同签署了《东北陆海新通道沿线地方政府协作联盟协议》和《东北陆海新通道协作联盟与锦州港战略合作框架

协议》，全域转身向海，锦州全力打造对外开放新前沿！

"东北陆海新通道"建设途经地市盟与锦州港货运联系日益紧密。沿线市盟每年近两亿吨的货源量，经锦州港中转运距最短、路径最优，比经其他港口中转近100~500公里的巨大优势，将极大节约运输成本，增效可观。锦州港将成长为通道沿线城市转身向海的新门户、新枢纽。

2021年5月28日，满载总货值1700万元的"锦州—莫斯科别雷拉斯特"中欧班列在锦州港站启程，来自东南沿海及京津等地的汽车零部件、光纤光缆、日用百货等产品在17天后抵达俄罗斯最大的别雷拉斯特物流中心铁路场站，而这将比传统海运节省近一半时间。

8月9日，停靠在锦州港207泊位的"HUI FA"轮在装载完通辽、白城、锦州三地的货物后，驶向1200海里外的俄罗斯东方港。在东方港上岸的集装箱将通过俄罗斯西伯利亚铁路发往波兰马拉舍维奇、德国杜伊斯堡、汉堡、荷兰鹿特丹、比利时安特卫普等多个欧洲基本港，而沿线区域的优质资源将同时进口至中国境内。

作为门户港，锦州港布局内陆港，"十四五"期间，将投资130亿元以上，建设30万吨航道工程，扩建码头泊位，完善港口集疏运

体系，全面运营保税物流中心（B型），打造更具国际化枢纽性的门户港。锦州市还将复制推广自贸区经验，创造更便捷的通关环境，推进港产城联动，打造对外开放新前沿。

到2025年，经济高效、智能便捷的东北陆海新通道基本建成，将实现辽宁出海港口与西伯利亚铁路的连通，铁海联运和多式联运"最后一公里"基本打通，多点联动、多式联运的临港大物流发展体系基本建立。锦州，将在融入构建新发展格局、实现东北振兴新突破中绽放更加夺目的光彩！

（作者系辽宁省政协委员，锦州市政协党组书记、主席）

厚植营商沃土　润泽企业发展

林伟彬

我是一名来自深圳的商人。在 2018 年之前我从未到过鞍山，对于鞍山这座城市感觉很陌生。在鞍山市委、市政府工作团队到深圳进行招商引资推广介绍的时候，让我对这座城市产生了浓厚的兴趣，想来鞍山看一看到底有没有他们说的那么好。但是说实话，当时也确实心存顾虑，不了解鞍山的营商环境如何，也不知道鞍山的招工情况怎样，政府提出的招商惠企政策能不能实实在在落地……一切都是未知。

当我到鞍山进行一番实地考察后，鞍山干净整洁的城市风貌和良好的营商环境给我留下了深刻的印象，给我吃了一颗定心丸，让我决定把生产基地建在鞍山。2018 年 11 月 9 日，我在鞍山高新区注册成立鞍山市骑士隆电子科技有限公司，开启我在鞍山的创业之旅。

鞍山市委、市政府及高新区招商局从公司注册到公司装修，从招工到生产，均为我们提供了全方位保姆式贴心服务，给予我们大力支持和帮助。在企业开办之初，相关部门给予公司很多优惠政策，特别是在企业房租减免上，让我们企业节省大量资金用在初期生产经营上；公司到税务部门办理相关业务，办事人员热情接待，耐心讲解税务知识及相关政策……这些都让我们更加深切地感受到鞍山

130

优越良好的营商环境。

2019 年 6 月，公司正式投入生产。由于公司是鞍山唯一一家做电动平衡车的企业，有相关工作经验的员工几乎没有。面对这一难题，相关部门再次伸出援助之手，积极通过各种渠道招贤纳士，帮助企业开展培训，快速进入工作状态，使公司很快站稳脚跟，迅速发展壮大。

2019 年 11 月，在鞍山市相关部门的积极推动下，兴业银行相关负责人到公司进行走访，通过对公司的经营状态、产品销售情况、财务数据分析以及公司未来发展等情况的了解核实，银行对公司建立了信任，为后续贷款合作奠定了坚实基础。2020 年 5 月，兴业银行与公司正式签订贷款合作协议，同时建立了长期的战略合作。

2020 年初，在鞍山市高新区招商局的引荐下，公司与哈尔滨工业大学（鞍山）工业技术研究院签订为期 3 年的校企战略合作协议。研究院将从技术开发、技术交流、技术转让、技术难题攻关、人才聘用等方面给予支持。

正是在鞍山市良好营商环境的大背景下，公司成功顶住新冠肺炎疫情的冲击，在 2021 年实现了扩大经营规模、加强竞争能力、提高经营效益的目标，预计年产值在 8000 万元至 1 亿元人民币。也正是因为有了鞍山市委、市政府的大力支持，公司才得以不断发展壮大，现已拥有员工 130 余人，成为聚焦智慧出行的国家高新技术企业，荣获鞍山市 2019 年度新增规上企业，辽宁省雏鹰企业、科技创新企业，鞍山市 2019 年度科技小巨人种子项目奖以及鞍山市科技型中小企业等荣誉称号。我也有幸当选鞍山市政协委员，并被鞍山市公安局聘为特邀监督员。

骑士隆公司取得的成功正是由于享受到了鞍山市委、市政府招商引资实实在在的政策。我们全体员工心怀感恩，并愿意通过自身

不断的努力，提高品牌竞争力，在更广阔的天空自由翱翔，为新时代鞍山全面振兴、全方位振兴贡献智慧和力量。

（作者系鞍山市政协委员、鞍山市骑士隆电子科技有限公司总经理）

岫岩玉的"前世""今生"

徐 丽

　　提起岫岩，一定会想到岫岩玉，岫岩因玉得名，因玉而兴，岫
岩玉是值得岫岩人骄傲的"宝石"。

　　岫岩玉是岫岩出产的各种玉石的统称，2005 年 12 月 31 日获得
国家地理标志产品保护。岫岩玉按矿物成分可以划分为两大类，一
是"透闪石玉"，俗称老玉，其中玉质坚韧细腻、玉色黄白油润者为
上品；"外包石皮、内蕴精华"的河磨老玉，则是岫岩玉中的极品。
二是"蛇纹石玉"，通称岫玉，以清纯亮丽的多层次绿色为主调，是

国内外同类玉中的佼佼者；其中花玉五彩绚丽，俏色巧绝。此外，岫岩还有"透闪—蛇纹石玉"，俗称甲翠或翠玉，以其玉质白地绿花、玉色如翠似雪而得名。岫岩玉是中华四大传统名玉之一，享有中国国石之美誉，太空中的 21313 号小行星在 2006 年被中国科学院国家天文台命名为"岫岩玉星"，岫岩更被国土资源部命名为"中国玉都"。

岫岩玉的"前世"

岫岩玉是中国玉文化史上开发最早、最悠久的玉种，从距今

中国科学院院长白春礼为岫岩玉题写"玉根国脉"

北大教授王时麒说岫岩玉是中华文明的奠基石，是"中华第一玉"

12000年辽宁海城小孤山仙人洞的旧石器遗址，到被学界认定是中国玉文化之源的8000年前的内蒙兴隆洼文化遗址，再到5000多年前北方红山文化时期，都有岫岩玉器出土。考古发现黄河中下游及长江流域等新石器文化遗址出土的玉器中，也多有岫岩玉器。在"神玉"时期，岫岩玉是当仁不让的主角，汉代"金缕玉衣"、明定陵出土的玉器、清代宫廷遗宝等，很多都是岫岩玉作品。

岫岩玉奠定了中国八千年玉文化发展史的深厚根基，见证了中华五千年文明形成和永续发展的光辉历程。

岫岩玉的"今生"

近年来，岫岩县委、县政府把推进岫岩玉产业高质量发展提升到战略全局高度来抓，以实施"玉+"战略为引领，围绕"玉根国脉""中华第一玉"等设计了赏玉、购玉为主的特色旅游线路"国石之旅"，确定了岫岩全域旅游形象口号表述语"中国玉都·玉美岫岩"，全力推动玉旅融合发展，并持续开展"中国岫岩玉文化旅游节"和"全国玉石雕刻玉星奖"评选活动，打造国内一流的重要行业节会和专业展评品牌，实现"以玉促旅、借旅兴玉"双赢发展。目前全县有2115户玉石加工企业、7大玉器交易市场、3050户商业零售业户，从业人员近10万人，年创产值25亿元，年实现利税5亿元。

随着岫岩玉雕技艺提高、玉文化认识的增强，岫岩玉雕出现了一大批精品佳作，并先后成立了4家玉雕艺术博物馆，集中展示玉雕素活、玉雕工艺、玉雕精品等。

国家博物馆、中国地质博物馆、英国大英博物馆等国内外知名博物馆也将一些岫岩大师作品收藏，提升了岫岩玉雕品位和知名度。

特别是 2019 年为了向新中国成立 70 周年献礼，重达 118 吨的岫岩花玉"万里长城"横空出世，这是当今中国乃至世界形体最大的玉雕"万里长城"，是中国八千年玉文化发展史上的里程碑之作，代表了当今中国玉雕工艺技术的最高水准，是博大精深的玉文化与长城文化相融发展的最佳体现，堪称中国八千年玉文化发展史上的奇观，

"万里长城"玉雕

大丰收——仿真玉器制品，满载而归

现珍藏在岫岩雨桐玉文化博物馆。

玉文化是中华文明的根脉，是华夏文明区别于西方文明的重要标志之一，是华夏文明发生、发展与传承的驱动力量和核心价值。季羡林先生说过："如果用一种物质代表中华文化，那就是玉。"未来，我们要把岫岩建设成世界级的玉文化交流中心、玉制品加工中心、珠宝玉器交易中心、玉雕人才培养基地和玉石原料集散地，全力打造中国玉文化研发创作、玉雕精品展示的新高地。

中国玉都满乡儿女热情好客，欢迎广大朋友到辽宁鞍山岫岩参观、旅游、做客，中国玉都——玉美岫岩，期待大家的到来！

（作者系辽宁省政协委员、鞍山市岫岩县政协副主席）

母亲河上的那些桥

王晓雨

我的家乡丹东有一条美丽的鸭绿江。作为江边长大的孩子，我从小就常听大人们讲起江上两座大桥的故事：一座桥是完整的，另一座桥是打仗时被炸断的，不管远观还是近临，那都是我儿时心中最雄伟的风景。

当我戴上红领巾，在老师的带领下第一次登上大桥，才真正知

中朝友谊桥（左），鸭绿江断桥（右）

河口清城断桥

道了鸭绿江断桥的故事。这座桥于 1911 年 10 月竣工。铁桥有开闭梁,中间的桥墩有轴可旋转 90 度,打开时船只可以航行通过。抗美援朝战争期间,美军为切断中方供给线,多次进行空中轰炸,大桥在 1950 年 11 月 8 日被炸毁。战争结束后,中方一侧所剩的四孔残桥保留至今,在 1993 年被命名为"鸭绿江断桥",定为国家级文物保护单位,作为景点向游人开放。看着大桥上锈迹斑斑的枪孔弹痕,让"80 后"的我深深感受到,眼前的幸福生活是无数先烈前赴后继用鲜血和生命换来的,让我懂得了只有祖国强大才能不再受外敌欺侮。

参加工作以后,我成为文旅部门的一名工作人员,对大桥的故事又有了更深刻全面的认知。除了知名度最高的断桥外,在丹东境内,鸭绿江上还有另两座断桥。一座是河口清城断桥,位于宽甸县长甸镇河口景区,1941 年建造,总长 709.12 米,是鸭绿江上最早建成的公路桥。在抗美援朝战争时,中国人民志愿军总司令彭德怀就

燕窝木桩铁路断桥（浮桥）

是乘吉普车从这座桥奔赴前线的。1951年3月，美军出动了6批次、30余架次飞机轮番轰炸，桥被炸断。现在看到的是我方一侧基本完好，朝方一侧则连桥墩都已踪影全无。

另一座就是燕窝木桩铁路断桥（也称浮桥）。桥址坐落于丹东市振安区燕窝村，于1951年5月建成，是"木结构列柱桥"。现在桥对面朝鲜一方，还有铁路路基痕迹可见。

除了这三座"断桥"，紧邻第一座"断桥"不足百余米的地方还有一座铁路、公路两用桥，目前还在使用中。这座大桥有着80多年的历史，1937年开工建设，1943年交付使用，只能单向通过20吨以下的货车。这座大桥也曾经被美军炸毁过，在1955年，中朝双方重新将友谊之桥修复畅通至今。

说到这里，还有一座"神秘桥"的面纱一定要在此揭开，那就是被人们几乎遗忘的上河口鸭绿江大桥。

它原名春函桥，始建于1938年9月，1940年4月建成，是日伪时期水丰水电站工程运料服务专线桥。1950年10月，因抗美援朝战

上河口鸭绿江大桥（原名春函桥）

争的需要，经过抢修，于 1950 年 12 月中旬与朝鲜定州至清水铁路接轨。此桥隐藏于大山深处的宽甸满族自治县长甸镇河口村之上河口，并且是从凤上铁路线终点上河口站延伸至对岸朝鲜的清水市，是抗美援朝期间鸭绿江上最重要的军列秘密运输通道和生命补给线。在不到 3 年的战争期间，这里通车达 21723 辆次，3 万多名志愿军战士和大量军用物资由此进入朝鲜战场。因此，当时它被称为"鸭绿江铁路第一桥"，可谓功勋卓著。由于所在位置隐蔽，未遭到战火的损毁，它如同一位隐匿于世外的"武林高手"被完好地保存至今，是丹东境内鸭绿江上几座桥中最具神奇和传奇色彩的一座。

　　这 5 座经历了战争硝烟洗礼的大桥，见证了中朝人民深厚的友谊，见证了朝鲜人民与志愿军战士为维护和平、捍卫幸福生活，英勇无畏的战斗精神和坚强意志。

　　历史的脚步如滔滔鸭绿江水一路向前。时间来到了 2010 年，经过中朝两国商议决定，在中朝友谊桥下游 10 公里处，新建一座鸭绿

鸭绿江公路大桥

江公路大桥，它连接着丹东新区浪头和朝鲜新义州南侧龙川，总长3公里，宽33米，具有往返四车道，是一座斜拉桥。这座桥外形美观、功能便捷，通行能力大大增强。

人们都说鸭绿江是丹东的母亲河，那鸭绿江上的桥就像父辈的脊梁，它们经历了百般磨砺和岁月沧桑，仍然坚韧不摧、默默守护。它们是丹东人民善良勇敢、乐观向上的品质象征，是丹东人民攻坚克难、开拓进取的精神符号。

在此，我们所有丹东人民向您发出邀请，请走进我们的风景，慢慢聆听鸭绿江上大桥的故事，细细品味丹东的一片深情……

（作者系丹东市政协委员、凤城市文化旅游和广播电视局科员）

花生经济奏鸣曲

王志刚

"春种一粒粟，秋收万颗子。"金秋十月的阜新，田间地头到处是农民收获花生的喜悦场景。"花生品种经过多次改良，品质和产量越来越好，我们的收入越来越多，小日子过得也越来越红火。"家住阜新蒙古族自治县老河土镇西老河土村的陈春雨乐得合不拢嘴，他家 6 亩多的花生田今年收获了将近 4000 斤的花生。市政协花生产业发展调研组和他一起分享了丰收的喜悦，和他以及更多的花生种植

户聊起了阜新花生产业的未来走向。

阜新作为全国第一个资源型城市转型试点市，近年来以加快建设现代产业体系，突出打造新能源基地和绿色食品基地为抓手加快转型发展，特别是聚焦花生产业，依托独一无二花生优良品质的自然禀赋，实施"小粒花生特色优势产业集群"工程，并将其列入"十四五"规划，推进阜新花生规模化、科技化、绿色化、品牌化、产业化发展。

2012年，"阜新花生"获批农业农村部地理标志认证；以阜新为核心产区的辽宁小粒花生成功入围国家特色产业集群，是全国花生出口免检单位、全国优质花生出口基地。

在阜新市委、市政府的积极推动下，全市以种植乡镇为载体，科技创新与技术推广为支撑，行业产业联盟为指导，推动花生从产到销全产业链立体式发展良性发展态势。以"全国花生生产业第一镇"的老河镇为例，全镇花生种植面积稳定在12.5万亩左右，年产花生3.4万吨，发展花生初加工户2000户。

与此同时，相关部门积极向广大农民宣传花生在耐旱、增产等方面的优势，并在资金、种子、化肥等方面为花生种植户制定具体扶持政策，引导全镇花生种植户、加工户、销售大户成立花生购销专业合作社和花生产业协会等经济组织，形成了"种植＋加工＋购销"的产业链条。

在各方共同努力下，阜新人民把小花生做成大产业，奏响花生经济奏鸣曲。2020年，阜新年加工花生米、花生油及系列产品40万吨以上，总产值超过30亿元。以"鲁花"品牌为代表的阜新花生制品畅销海内外市场。今年，以"小粒花生，绿色生产；做大产业，共谋发展"为主题的首届阜新花生节成功举办，来自花生精深加工、采购、电商、物流等行业的200余家域外企业、网红达人齐聚阜新，

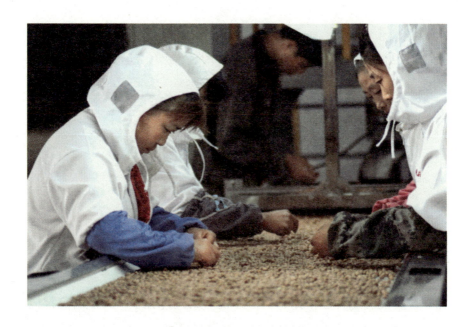

签约项目 18 个，签约额 82 亿元。

预计 2025 年，阜新花生总种植面积达到 200 万亩，总产量达到 50 万吨，将建设成为全国重要的花生产业物流交易中心和网络交易平台，打造成中国的花生产业之都。

（作者系阜新市政协委员、阜新市政协农业农村委主任）

为"科技小院"点赞

马华敏　　周丹丹

前不久，辽阳市政协组织农业界别的委员围绕农业新品种新技术推广力度问题开展协商调研。在走访农户过程中，许多农民都向我们说起了"科技小院"的故事，并纷纷竖起大拇指。

"科技小院"，是省农科院与辽阳市政府从 2016 年至今持续开展

在特色果蔬小院，专家指导农民对果树进行整形修剪

的一项科技共建活动，围绕农业特色优势产业，选择龙头企业、合作社为服务对象，推广成本低、易掌握、见效快、适应性强的最新农业科技成果，对实现种养结合、产业融合、生态循环、安全高效起到很好的示范带动作用。今年，相关部门加大力度，派出60多名农业科研人员组建林果、粮油、蔬菜、农机、绿色农业、水产、畜牧、疫病防控、疫病检验9个技术服务团队，建设50个科技小院。一年来，技术服务团队苦干实干，共引进、示范、推广各类新品种52个，新技术55项；开展培训班12次，培训科技推广人员和技术负责人720人以上；现场指导200次以上。

科技小院的专家克服经费不足的困难和新冠肺炎疫情的影响，通过现场指导、电话、微信等方式，以帮助农户破解技术难题为重点，在培养、总结科技致富典型上狠下功夫。灯塔市忠信淡水渔业

专家指导农户香菇栽培技术

在特种花卉小院，专家指导农户对花卉进行病虫防治

有限公司董事长田忠信告诉我们，专家团队帮公司繁育台鳅水花鱼苗 1.2 亿尾，通过精养高产系列技术的实施，实现了年产规格 30~50 尾/斤台鳅苗种秋片 20 万斤，斤鱼成本降低 1.5 元，直接经济收益超百万元。

像田忠信这样在"科技小院"中获得实惠的农民不胜枚举。辽阳市东部山区是很多道地药材主产区，自"科技小院"项目实施以来，近两年新增种植户 70 多家，每亩中药材种植增收 500 多元。专家团队在灯塔市东荒农场推广叶龄模式栽培技术，增加水稻密度，减施氮肥，大面积使用杀虫灯、诱捕器，减施农药，并把这种模式推广给灯塔市佟二堡镇种植大户赵成新。在专家指导下，赵成新的 150 亩水田增收 22500 斤稻谷。

与此同时，绿色蔬菜科技小院通过新品种、新技术的示范推广和应用，带动周边地区农户联合生产；不老梅产业科技小院在企业建立 300 亩核心示范区，构建科技创新体系，促进产学研用紧密合作；食用菌科技小院积极推广污染袋无公害处理利用技术，利用废菌棒和污染料再生产其他菌类，通过发酵生产生物有机肥，突破了食用菌产业发展的瓶颈。

现如今，科技小院成为密切科学技术与农事经营主体之间联系的纽带，有效地解决了农业科技成果推广"最后一公里"问题。目前，辽阳市农业科技贡献率达到 63%，高出全省平均水平 4.5 个百分点，农民去年平均可支配收入增长 8.7%，高出全省平均水平 0.4 个百分点。农民们说，"科技小院"就是我们致富路上的"加油站"。

（马华敏系辽阳市政协委员、辽阳市政协农业和农村委员会主任，周丹丹系辽阳市政协委员、辽阳市现代农业服务中心副科长）

幸福的生活比蜜甜

马 跃

暖阳普照，陌上花开。在葫芦岛市连山区西部有一个乡村，那里群峰连绵、层峦叠翠，蜂飞蝶舞，仿佛走进"世外桃源"。这里就是被中国质量万里行促进会授予"中国最美智蜂小镇示范基地"的白马石乡上三角村。

5年前，上三角村还是村集体收入为零的省级贫困村。如今，它已经是"数字化蜂业示范基地"、"中国第一成熟蜜库"以及远近闻

明的"网红乡村"。

　　近年来，连山区充分发挥自然资源优势，积极协调，与葫芦岛市军民融合和新材料产业发展中心、中国质量万里行促进会、中国农业科学院蜜蜂所等单位深度对接，成功促成智能养蜂项目落户连山区。从 2020 年 4 月签署智能蜂业养殖合作协议起，连山区委、区政府带着对西部山乡人民的郑重承诺，多次到北京研发基地对接项目，到广西学习考察。连山区政协充分发挥联系广泛优势，在多次邀请各界专家指导相关工作的同时，组织市区两级民盟界别的政协委员深入开展调查研究，提出增加财政和科技投入，尽快建立成熟蜜库，形成品牌产业等建议，引起党政部门高度重视，并得到有效采纳和落实。

2020 年 5 月，连山区投入 50 万元扶贫资金购买 200 套智能蜂箱，智能养蜂项目在白马石乡和山神庙乡试点启动。经过一年多的试运行，项目取得良好的经济和社会效益，为脱贫攻坚与乡村振兴的有效衔接奠定了坚实基础。

2021 年 6 月 7 日，连山区举办数字化蜂业助力乡村振兴启动仪式，白马石乡数字化智能蜂场示范基地被正式授牌。目前，专家技术团队已经研发出了"智能蜂箱周围环境监测系统""智能蜂箱定位信息软件""军民融合数据分析信息系统"等技术专利。白马石乡优渥的地理条件酝酿了高波美度的成熟蜜，蜜中酶活性含量及微量元素充足，营养价值更高。同时，白马石乡将所产蜂蜜注册了"关东白蜜"商标，一上市就被抢购一空。

从脱贫攻坚到乡村振兴，"党建引领、政府主导、政协参与"的模式推动连山区白马石乡建成中国第一成熟蜜库。

一朵朵小小的油菜花，描绘了农村美、农业兴、农民富的乡村振兴美好图景；一只只勤劳的小蜜蜂，编织了"勤耕不辍、乘势迎风"的乡村振兴精神。

（作者系葫芦岛市政协委员、葫芦岛市连山区政府办公室扶贫办科员）

中国泳装名城的"秘密"

石文光

  兴城市一位年近九旬的大妈告诉我,第一件作为商品的泳装是她用手工缝制的。乡亲们都说她的活儿干得太多,太累了,以至于晚年她的手连一个苹果都握不住了。但是,她却紧紧地握住了自己的生活,她要的是什么呢?改变!

  大妈的女儿同样是泳装第一代创业者,她每天骑自行车驮着近百斤的布料回家,路上她为自己的产品构思了3个品牌,分别是金帆、金雪和妮梦。那个时候她希望财富翻番地来,像雪片一样花花地下,摆脱贫困的纠缠。她要的是什么呢?还是改变。

  后来女儿的儿子创建了自己的泳装厂,可是一把大火却将工厂烧得精光,国内外承销商等待着提货,他的选择是委托其他工厂加工并用专机运往国外,于是我们看到空中一架飞机运载的不是冷冻易腐食品而是泳装。他说:"泳装工厂可以被烧光,但几代人积累的商业信誉不能被烧光。"他要的是什么?依然是改变。

  兴城泳装已经发展了30多年,这个群体究竟改变了什么?

  如今,全球每销售4件泳装,就有1件产自葫芦岛。曾经不起眼的泳装产业产值将近200亿元,成为拉动经济发展的新动力。这片土地上人们艰苦奋斗,创新发展,把泳装产业做大做强,泳装产业也改变着很多人的命运。兴城 237 个行政村，半数以上建有泳装加工厂。2017 年以来，泳装产业下乡项目带动兴城市、建昌县、连山区等地几千户贫困户稳定脱贫。兴城泳装卖到 100 多个国家和地区，葫芦岛共有泳装电商超过 3.5 万家，相关从业人员 10 余万人。在兴城街头，联邦速递、UPS 等快递公司的运输车辆随处可见。数据显示，辽宁全省快递业务量排名第一的是省会沈阳，排名第二的则是葫芦岛下属的兴城。泳装产业吸引了上万名大学生返乡创业，许多外地人也慕名前来寻找商机……

30 多年来，葫芦岛泳装产业借助历史传统、地域优势、政府扶持，已发展出具有相当规模的产业集群，兴城成为全国三大泳装生产基地之一，获得"中国泳装名城""中国服装产业十大示范集群"等称号。泳装已成为葫芦岛市重要的特色产业集群和经济组成板块。据中国聚氨酯行业专家黄茂松测算，如果葫芦岛的泳装及相关产业能做到 500 亿元的规模，可带动 2000 亿元的聚氨酯产业发展。只要我们继续在做强泳装产业集群上用心用力，它就能舞起经济发展的

龙头，实现用文化和科技力量驱动城市转型。

六届葫芦岛市政协将《做强泳装产业集群用文化和科技力量驱动城市转型》作为"一号提案"，委员们通过大量深入调研，提出了完善产业体系，健全政策体系，建设金融服务体系，打造公共服务体系，明确产业升级路径，建设政产学研协作机制，发展会展经济，夯实发展基础，加大支持力度，做强泳装产业集群，实施文化兴市战略，构建现代公共文化服务体系，继续做强文化创意产业，培育发展文化市场，加大科技创新力度，用文化和科技双轮驱动，加快城市转型步伐等一系列建议意见，为葫芦岛泳装产业二次创业提供了方向。

如今，葫芦岛泳装"金字塔状"复合型产业集群已经形成。生产性集群、公共服务性集群和虚拟产业集群，这三大模块形成了多维空间立体经济，在整个产业竞争优势中起到了非常巨大的作用。产业价值提升和产品价值提升给我们城市的发展带来了很大的成长空间。葫芦岛用泳装产业做支点，同时用会展经济的工具杠杆来撬

动城市转型。泳装产业在这些年的提升和发展过程中，给城市带来了很多的亮色。

过去一提到葫芦岛市就是重化工业城市，重化工业城市给人们的感觉是很灰暗、很暗色的，而泳装产业，比基尼的概念给这个城市带来了很多的亮色。泳装产业的区域品牌就是这个城市的品牌，泳装产业的区域性品牌带动着城市知名度、美誉度提升，同时我们又用泳装产业的产业联动价值去融合一、二、三产业发展，催生城市转型，它带来了人们思维方式的改变、城市生活方式的改变、就业创业形态的改变。

我们要把泳装产业作为一个产业集聚模型来考虑的话，它的转型升级路径，我们遵循的是价值链的这样一个理论——"微笑曲线"。过去泳装产业在形成发展的过程中，一开始它做的基本上都是低端的加工制造，那么在整个价值链当中，它获取的价值是非常有限的，产业转型升级实际上就是围绕这个价值链下功夫。我们在研发上下功夫，在设计上下功夫，在品牌上下功夫，在渠道上下功夫，所以，科技创新+文化创意+品牌创优+渠道畅通，就可以把传统的加工制造业打造成文化创意产业。

我们正在用文化创意产业的三大特征来解决一、二、三产业融合发展、增值发展和创新发展的问题。泳装产业实际上它是一个样板，我们按照这样一个逻辑先把它做成一个模式，然后其他行业转型也可以按照这个逻辑来做，它是有示范效应的。按照互联网思维，一直在和粉丝互动，一直在做电子商务，我们一直在做更多的这种高端的销售模板。所以，泳装产业转型升级路径就会给这个城市的转型升级带来一个新的发展的亮色和转型升级的方向。

葫芦岛是老工业基地，新中国第一块锦纶丝、第一组锌锭等多个"新中国第一"在此出产。如今这里是休闲之都，碧海金沙醉游人；是时尚之城，蓬勃发展的泳装产业引领全球时尚。葫芦岛以色彩斑斓的泳装为"支点"，谱写着一座东北老工业基地城市绚丽的振兴发展新篇章。

(作者系辽宁省政协委员，葫芦岛市政协党组书记、主席)

今冬最靓"大连蓝"

阎德升

"空山新雨后，海天呈一色。"蓝天白云映衬着蔚蓝色的海面，星海湾跨海大桥犹如蛟龙出海蜿蜒其中。这样美丽震撼的画面越来越多地出现在大连市民的微信朋友圈中。现如今，"蓝天越来越多、空气质量越来越好"早已成为大连市民的共识，"大连蓝"成为这座城市最亮丽的风景线。

为了让天更蓝、空气更清新，为了让市民拥有更多的蓝天幸福感和获得感，大连市委、市政府把"蓝天保卫战"作为最大的民生工程，一天一天地去争取，以前所未有的力度实施117项切实有效

的举措，确保相关问题以最快速度得到解决。

11 月 3 日，大连锦绣供热有限责任公司的供热锅炉炉膛里火苗正旺，热水从锅炉顺着管网不断向居民家输送热量。暖气热了，煤炭燃烧产生的气体排放问题不能掉以轻心。大连市生态环境保护综合行政执法队的同志来到供热公司进行巡查，实地查看燃煤锅炉和环保设施运行情况，确保设备运行良好，相关工作达标。

为有效防止城市供暖造成的污染问题，大连市每年自 11 月 1 日起都会开展燃煤锅炉现场检查及环保监察工作，并将其贯穿整个供热期。在此基础上，执法人员提前对企业进行环保法律、法规宣传，并现场指导帮助供暖企业提前调试环保设施。

"环境就是民生，青山就是美丽，蓝天也是幸福。"正是秉承这样的工作宗旨和理念，大连市不断调整优化能源结构，各方面取得显著成效。下面的几组数据最能说明问题：

——核电、风能、氢能等新能源重点项目陆续投入建设，清洁能源发电装机占比和煤炭消费量占全市能源消费总量的比重均优于全国平均水平。

——绿色建筑和装备式建筑得到大力推广，累计完成"暖房子"工程建设 390 万平方米，能源利用效率明显提升。

——强力推进燃煤锅炉整治，累计取缔燃煤小锅炉 2015 台，保留的 383 台燃煤锅炉全部完成特别排放限值改造，13 家燃煤电厂全部实现超低排放，全市清洁取暖比例已超过 92%。

——机动车污染控制持续升级，累计淘汰黄标车及老旧车辆近 7 万台，1905 辆老旧柴油货车退出营运市场，1275 台国 III 中重型柴油车加装了污染治理设施，城市绿色公交车辆占比超过 85%。

——扬尘管控更加精细化，全市建成扬尘在线监测系统 314 套，

完成散流体车辆封闭改装 687 台，治理在用矿山扬尘 41 座，完成闭矿矿山生态修复 4925 亩，全市裸露地面较 2016 年净减少 3.2 万公顷，累计下降 84.19%。

与此同时，大连市高度重视臭氧污染防控工作，出台"臭氧污染防控 20 条"，以挥发性有机物（VOCs）治理为重点推进臭氧治理。全市 254 家年挥发性有机物产生量 10 吨以上的企业主动担当，采用"一厂一策"的方式，全面推进深度整治，健全原料台账，目前已有 241 家企业完成深度整治工作，累计完成低 VOCs 含量原辅材料替代 43 家、治理无组织排放 71 项、高效治理设施建设 141 套，累计减排 VOCs 约 2 万吨；其余 13 家企业将于今年年底前完成深度整治。

付出终有收获。2020 年，大连市空气质量再创新纪录，喜获 332 个"蓝天"，比 2015 年多 62 个，创 2013 年空气质量评价新标准实施以来的最好成绩；6 项污染物浓度再次全面达标，PM2.5 较 2015 年下降 37.5%。自 2020 年 1 月至今，个别月份成绩更是喜人，2020 年 8 月、2021 年 4 月和 7 月，空气质量达标率达到 100%，3 个月达到蓝天"大满贯"。

霸屏朋友圈的"大连蓝"是如何炼成的？锲而不舍的坚持与努力就是最佳答案。

（作者系大连市政协委员、大连市生态环境局海洋生态环境处处长）

黑土地的儿女

刘　刚

2018 年，1811 名选派干部奔赴朝阳这片黑土地上的脱贫攻坚第一线、乡村振兴最前沿。我有幸成为其中一员，在朝阳凌源市四官营子镇水泉沟村任第一书记。在我们这些选派干部中，有许多人并不是土生土长的朝阳人，但乡亲们仍愿意亲切地称他们是黑土地的儿女。现如今，虽然他们已经离任，大家却永远不会忘记他们带头致富所默默奉献的一切。

2018 年春节刚过，省选派干部孙长清、桑颖夫妇带着 3 岁女儿和近 70 岁的父母，踏上了驻村征程，在距省城沈阳 400 多公里外的喀喇沁左翼蒙古族自治县安了"家"，与这片土地结下不解之缘。

孩子初到陌生环境变得有些内向，经常念叨"妈妈，我要回家"，每当这时桑颖总是耐心劝慰："爸爸妈妈在哪儿，哪儿就是家。"年迈的父母帮助照看孩子，夫妻俩一头扎进百姓中，走村入户开展调研，与村"两委"成员促膝交谈，全面系统地构想两个村子脱贫振兴的路子。

"出行难"是困扰百姓最头疼的事。经夫妇俩协调争取，坤都营子村 7.8 公里巷道硬化、13.6 公里的产业路、4 座桥梁和文化广场相继建设完成，老百姓乐得合不拢嘴。东前沟村修路、打井、建广

场、电网增容，一件件实事直抵村民心坎上，两个村的基础设施建设打了个翻身仗。

群众富了才是硬道理。孙长清依托沈阳农业大学科技优势，引专家、建平台、设基地，深入开展科技扶贫和产业扶贫，精选水果苤蓝、迷你胡萝卜、软枣猕猴桃等优质苗种，建试验园，发挥示范引领作用。桑颖与村班子成员成立了党支部领办的合作社，创建"坤都振兴"农产品品牌，建立谷子、小麦、芝麻树、油葵等试种基地，使农民每亩增收 500 元以上。随着试种产品喜获丰收，夫妻俩又为产品代言，参加省、市、校组织的多个农产品推介会，帮助村民解决卖货难问题。

引项目支撑壮大村集体经济。桑颖结合养牛大村的实际，让牛粪变废为宝，引进了总投资 300 万元的畜禽粪污资源化利用项目，将人畜粪便、秸秆、尾菜等废弃物转化为优质有机肥，实现改善乡村环境、壮大集体经济、提高农民收入"三丰收"。孙长清则积极争取农业扶持资金 100 万元，由村党支部引领合作社建成百亩设施园艺冷棚种植示范区，打造了东前沟村旅游经济景观带。

像孙长清、桑颖夫妻俩这样有责任、有担当的选派干部还有很多。大家心中有着共同的心愿：履行好自己的职责，抱着一颗迎难而上的心，实实在在地为老百姓干点事。

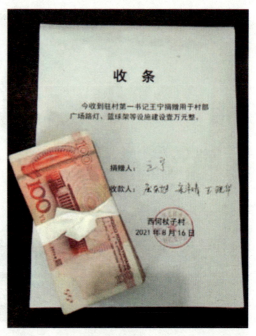

从渤海大学选派到朝阳凌源市大河北镇西何杖村任第一书记的王宁，自上任以来无特殊情况从不离岗，真正把村当成了自己的家。3 年里，她走遍了村内每一户贫困户，对全村 39 户建档立卡户都了然于心。2019 年，王宁协调资金 4.5 万元，收购谷子 1.5 万斤，亲自监督小米加工，通过线上线下销售，使农民增收 1.8 万元，村集体经济可增收 2 万元。在今年 9 月离任时，王宁自掏腰包为所在村捐助 1 万元，她说："这就是我的一点心意，希望能用这笔钱修修村部广场的路灯，增加一些供村民使用的健身器材。"

现如今，我们这些"第一书记"已经回到原来的工作岗位上，但是我们的心却依然与曾经奋斗过的地方紧紧相连。我们会在各自岗位上继续努力奋斗、务实前行，以实际行动续写辽宁高质量发展的新篇章。

（作者系朝阳市政协委员、朝阳市政协提案委副主任）

"帮办代办"打造有温度的政务服务

左鑫海

在盘锦市大洼区公共服务中心，有一群可爱而又执着的人。当群众在窗口办理业务出现疑难时，他们主动上前帮助解疑释惑；当有人不会用政务网进行"一网通办"操作时，他们主动帮助登记录入信息，完成业务申请和提交；当投资人办理工程项目审批时，他们牵头跑各个窗口，协调各部门，让投资者更省心，让审批更快捷……这群人，就是大洼区政务服务帮办代办队伍。

他们的工作看似平凡琐碎，但却以实际行动为往来办事的企业群众提供着有温度的政务服务。他们是群众办事堵点的疏通者，是项目建设的加速器，更是加快大洼发展的铺路人。这群青年人精心打造"三个团队"，把服务做到极致。

他们是一支"工程建设项目全程代办团队"。对于前来办理工程审批的投资人，只要有不懂不会的地方，找到"代办团"，他们都会第一时间介入，提供全程托管服务。各类工程项目从立项（备案）至竣工验收的全部审批事项，只要有需要，这帮年轻人就会义不容辞地提供令商家满意的服务。他们还将服务延伸到基层，在各镇街配备项目专职代办员，收集整理和代跑、代办镇街的投资审批项目。打造"远程辅导+远程容缺受理服务"模式，实现了区、镇街二级

165

全程代办，助推工程项目建设审批提速。

他们是一支"工商登记全程电子化代办志愿服务团队"。为了方便前来办理网上业务的商户，这里专门成立了政务大厅电子化代办服务志愿团队，为申请营业执照的企业商户提供全程电子化办理服务。从提交材料到审批完成，均通过网络办理。对"一网通办"等网络化办事流程感到有困难的群众，他们热心地上前辅导、查询，帮着录入信息和网上申报，在网上申报审批的各环节提供帮办代办服务，为前来办理业务的企业群众节省了大量的时间。

他们是一支"青年文明号服务窗口团队"。他们将服务延伸到镇街政务服务中心和村、社区便民服务站，通过设立专门的便民、便商青年文明号窗口，通过"全域通办"，对群众需要办理审批的业务进行收件、网上录入、推送等便民服务。就是这样一群普通的年轻人，不断在创新服务群众工作举措上加力突破，在追求群众满意度提升上尽心竭力，切实为企业、商户、群众解决难题，真正实现了"打包办""提速办""简便办"，让服务对象少跑路、不跑路，用自己的实际行动践行着"为人民服务"的宗旨。

（作者系盘锦市政协委员、盘锦市大洼区招商管理服务中心主任）

"特种兵"和他的"特种部队"

王　强

　　"老老实实做人，踏踏实实做事"是东北大学姜周华教授的座右铭。姜周华是我的东大校友，我们在省政协教育界别组活动上熟识。彼时，他的团队刚从北京载誉归来——以东北大学为第一完成单位、他为第一完成人的"高品质特殊钢绿色高效电渣重熔关键技术的开发和应用"项目荣获国家科技进步一等奖。

　　特种钢是什么钢？飞机的平稳降落，离不开有足够承载力的起落架。C919大飞机机身70多吨重，在落地瞬间产生巨大的冲击力。满足此条件的起落架高强度钢部件，只有自重8万吨的巨型模锻压机才能生产。姜周华团队自主研发的特厚板产品，是生产中使用的特大型高强模具核心部件的关键材料。

　　如今，电渣重熔产品作为国家重大工程、高端装备、先进武器最尖端部件制造的关键材料。曾几何时，却是我国冶金行业的短板。

　　"80年代我开始做电渣冶金方向，那时候中国钢铁产业还处于粗放型发展阶段，电渣重熔主要针对高端精品特钢冶炼，研究者和企业关注较少。但我始终认为，电渣冶金技术在未来具有强大的生命力。"姜周华说。他以行践言，甘坐冷板凳，做了大量基础性和应用性研究，为日后的项目实施打下了坚实的基础。

167

与特种钢结缘 40 年，姜周华从"特种兵"成长为带领"特种部队"前进的舵手。老姜常说，他团队的每个成员都特别能吃苦，也特别能坚持。因为热爱所以坚持，因为坚持所以有成绩。他举例说，团队成员李花兵对课题有了新想法，深夜 11 点把另两位"战友"接到实验室讨论，一直谈到凌晨 3 点半。

钢铁精神凝聚成"特种部队"的共识。青年教师朱红春说，他们常常为了解决一个问题连续工作几十个小时，老姜也和大家一样，累了就在车间的长凳上凑合休息一会儿。"我们非常重视高水平基础研究与实际应用的结合，计算机模拟要做，钢也得天天炼，无论刮风下雨还是酷暑严寒，实验室的炼钢炉每天都不停歇。"董艳伍教授说……"部队"师生在实验室千锤百炼，在企业一线摸爬滚打，从研究计算到现场实操，个个练就了一身硬功夫。这里走出去的硕士、博士，都是钢铁战士，备受企业青睐。

常思才能常进。姜周华瞄准国家重大需求，带领团队针对新一代电渣重熔技术开展了原始创新和科研攻关，取得了重大理论和技术突破。这一成果被推广至 60 多家企业的 325 台成套装备中，为我国探月工程和载人航天发动机、AP1000 核电主管道、单机容量世界最大的乌东德、白鹤滩水电站等重大工程、重大装备解决了一系列卡脖子技术和材料难题，打破了欧美和日本在此领域 30 余年的技术封锁和市场垄断，保障了我国高端装备制造和能源建设安全。目前，产品市场占有率达 61%，出口到 50 多个国家和地区，形成巨大的经济和社会效益。

技术没有顶峰。在"特种部队"不断前行的过程中，又传来新的好消息。姜周华被推举为电渣炉国际标准工作组组长，成为目前仅有的两项国际行业标准的制定者，并被国际电工委员会授予 IEC 国际标准奖，成为我国获此殊荣的第一人。

以国家战略需求为己任，专注核心关键技术攻关，解锁高端装备制造材料，收获荣誉、放下荣誉、砥砺前行，是这支"特种部队"的真实写照。在东北大学钢铁楼的特殊钢冶金研究所内，"特种部队"和特种钢的故事还在继续。让我们期待他们创造新的精彩！

（作者系辽宁省政协委员、沈阳化工大学党委书记）

169

关于铁西工人村的记忆

王玉辰

沈阳工人村是曾闻名一时的工人住宅区。它位于沈阳市铁西区西南部，东至卫工街，南至十二路，西至重工街，北至南十路，面积达 0.6 平方公里。该地区在 1951 年以前是一片菜地，只有 3 条马车道往来运菜。1952 年 9 月，根据毛主席"在提高生产的基础上改善工人的生活"的指示精神，沈阳市投资 1200 万元开工建设工人住宅区，并将其命名为"工人村"。

工人村建设规划是解放后沈阳市第一个完整的城市建设规划，基础设施配套齐全。建筑物之间留有充足的绿化地带、景点。中小学校、幼儿园、百货、副食商店、饭店、照相馆、卫生院、粮站、邮电支局、储蓄所等基础服务设施完善。当时人们形容工人村是"高楼平地起，条条柏油路，路旁柳成荫，庭院花姿俏"。工人村建成后，有轨电车延伸至此，又新开辟 204 路公交汽车，交通非常便利。

据史料记载，1952 年 9 月 23 日，工人村建设工程开工。当天，7000 多名建筑工人联名给毛主席写信发出誓言，"盖好工人村""让咱们的阶级兄弟早一天搬进去"。他们决心在保证工程质量的前提下，提前完成任务。那时，工人村建筑工地流行着一首歌曲："和平花朵遍地开，座座楼房盖起来，昨天还是荒野草地，几天就让它楼成排。"

1952 年 12 月，经过仅仅两个半月的艰苦奋战，工人村一期工程宣告竣工，建筑面积达 10.84 万平方米的 79 栋大楼、3396 间职工宿舍拔地而起，创造了当年沈阳建筑史上的奇迹。

从 1952 年到 1957 年，又陆续建造 64 栋大楼。至此，工人村共计建造大楼 143 栋，形成 5 个建筑群。这些住宅大楼清一色的红砖砌筑，起脊灰瓦闷顶，楼高 3 层，房檐之下饰有三层叠涩线条，楼门上有回纹、券顶装饰。工人村是按照前苏联标准设计建造，形成占地面积 73 万平方米、建筑面积 40 万平方米的苏式风格建筑群。当时，工人村绿地面积达 70%，每个建筑群内都设有秋千、滑梯、单杠、转椅、滑车等游艺设施。

工人村建成后，沈阳冶炼厂、沈阳第一机床厂、沈阳电缆厂等 44 家大中型国营企业，在此设立家属宿舍。各单位对住房分配都非常重视，制订了详细的分配方案。当年，根据企业制定的《职工住宅分配办法》规定，凡是劳动模范、对企业做出巨大贡献的职工，都可申请到工人村居住。以沈阳冶炼厂制定的分房条件为例，工人必须经过严格考核，累计达到 330 分标准，才有资格申请住房。入住后，每月要交纳房费、水费、电费等费用合计 4 元多。

入住工人村，对于当时大多数工人来说是可望而不可即的一种奢望。第一批住户多为国营大中型企业的厂级干部、劳动模范、高级知识分子、高级技术工人等。各单位还为入住工人村的人员统一配备了双人木床、两屉桌、米箱等生活用品。

现如今，经过半个世纪的风雨洗礼，工人村居民住宅已显陈旧，内部设施严重老化。随着人口的急剧增加，住房拥挤不堪。这些变化也使工人村的改造提上了日程。2003 年，沈阳市铁西区政府提出

造福民生，真情回报工人阶级的指导思想，开始实施工人村改造工程，启动经济适用住房建设，实现了"居者有其屋"的美好愿望。同时，在铁西区十马路与十一马路之间的赞工街，依然保留原工人村的一个建筑群，并开设"工人村生活馆"。

沈阳工人村生活馆由建于20世纪50年代的7栋工人宿舍楼半合围而成，包括一个院落、工人村宿舍旧址、铁西人物馆、劳模活动中心和美术馆等，总占地面积1.5万平方米。生活馆按照年代发展，在宿舍楼内，通过当年的实物、图片和文字说明，分上、中、下三层复原了工人村老住户的居住与生活场景，保留了上世纪50年代到90年代的集体记忆。

未来，工人村的生活就由工人村生活馆向人们讲述吧。

（作者系沈阳市政协委员，沈阳市铁西区政协党组书记、主席）

现场见证英雄回家

应中元

因为工作关系，2020 年和 2021 年，我先后两次参加在韩志愿军烈士遗骸迎接仪式。现场见证这一伟大的历史时刻，我心潮澎湃。激战云山城、血战长津湖、鏖战上甘岭……烽烟滚滚，穿越历史的天空。鸭绿江南，汉江两岸，多少志愿军烈士魂断异国，埋骨他乡。70 年前，诗人魏巍曾写下《谁是最可爱的人》，深情致敬抗美援朝的战士们。70 年来，祖国山河无恙，英雄魂归故里。党和国家以最高礼遇，迎接英雄回家！八批 825 具烈士遗骸先后安葬于沈阳抗美援朝烈士陵园。

2020 年 9 月 27 日，第七次迎接仪式

首次派出新一代国产军用大型运输机运-20 运送烈士遗骸回国，"机身上的编号 01 则体现了祖国对烈士们的无上尊崇"。进入中国领空后，两架歼 11-B 战斗机全程护航，用空军特有的方式向志愿军烈士致敬。降落沈阳桃仙国际机场，两侧消防车同时喷射水柱，以民航界最高礼仪"过水门"，为 117 位英雄"接风洗尘"。"感谢塔台指挥保障护航。向人民志愿军忠烈致敬！人民英雄永垂不朽！"

运-20机长与机场塔台的对话道出了所有中国人民的无限追思。

2021年9月2日，第八次迎接仪式

韩国仁川机场，中国驻韩国大使邢海明代表中国参加交接仪式。他认真而庄重地在每一个志愿军烈士遗骸棺椁上，整整齐齐地覆盖上国旗，轻轻地用手抚平褶皱，并向烈士遗骸深深鞠躬。再一次，运-20起飞，战机护航，"水门"接风，骑警护卫，109名烈士终于"回家"。车队驶过青年大街、北陵大街、泰山路、陵东街、金山路，两旁皆是驻足泪目的市民，还有远道而来的老兵、英雄后人肃穆迎候。此时此刻，"浩然英雄气"回荡在辽沈大地。

《思念曲》响起，祖国不会忘记

沈阳抗美援朝烈士陵园内，下沉式纪念广场、环形的烈士英名墙、黄白相间的菊花……哀婉低回的《思念曲》响起，全体人员向志愿军烈士深深三鞠躬。那一刻，我深深感受到，每思祖国金汤固，常忆英雄铁甲寒。礼兵鸣枪，英雄起灵，战士们铿锵的脚步轻轻地落下，托举着棺椁缓缓走向安葬地宫。从此，英雄长眠，有4300万辽宁人民相伴守候。祖国和人民永远不会忘记用鲜血染红金达莱花的烈士们，他们的贡献彪炳史册，他们的英名万古流芳。

魏巍写道："从朝鲜归来的人，会知道你正生活在幸福中。请你们意识到这是一种幸福吧，因为只有你意识到这一点，你才能更深刻了解我们的战士在朝鲜奋不顾身的原因。"抗美援朝当年，祖国百废待兴，志愿军缺衣少粮。历经70余年不懈奋斗，盛世中国，繁华安宁。我想，吾辈自立、祖国富强是对这些英灵最好的告慰。两次

参加迎接仪式，见证英雄回家之路，让我无比感动、无比震撼。每一次，我都会写下一篇《迎接伟大的英灵》，记录每一个瞬间和浓浓的爱国之情、昂扬的奋斗之志。

迎接伟大的英灵

——写在 2020 年迎接在韩志愿军烈士遗骸仪式现场

今天的风格外轻
今天的天格外明
今天的城格外静
今天的花格外红

一百一十七位英灵
在异国他乡长眠不醒
你们不会想到

有一天
祖国会去迎接你们
如此庄严如此隆重

空军专机载着你们
两架战斗机一路护送
穿过蓝天穿过领空
缓缓降落在祖国的大地上
离别了那么多年
这一刻与祖国紧紧相拥

滑行的飞机
经过水门最高礼遇
那是祖国用最纯净的水
把你们一一擦洗干净
一面面五星红旗
覆盖在你们的棺椁上
那是祖国用最神圣的方式
慰藉你们不屈不挠的魂灵

一个个棺椁
就是一个个
曾经鲜活的生命
很多人的名字
还无法一一查清
不知道男女性别

不知道老少年龄

只知道
在祖国需要的时候
你们义无反顾出征
只知道
在战斗最激烈的地方
总有你们第一个冲锋
只知道
你们克服了天寒地冻
战斗到生命最后一分钟
你们每天
都在演绎着上甘岭
《谁是最可爱的人》里
都有你们的身影

你们的鲜血没有白流
祖国因你们变得强盛
你们没有无谓地牺牲
祖国因你们
实现着伟大的复兴

从此
有伟大祖国守着你们
不用担心被寒冷冻醒
从此

有亿万人民守着你们

不用担心再孤苦伶仃

从此

你们将永远

被写在历史的丰碑上

从此

你们将永远

被铭记在人们的心中

又迎伟大的英灵

——写在 2021 年迎接在韩志愿军烈士遗骸仪式现场

一个伟大的时代

才会这样迎接伟大的英灵
在外漂泊多少年
才实现彼此魂魄牵绕的梦

每年的这一天
都特别的隆重
每年的这一刻
都是万里晴空

我们已经接回
特级战斗英雄黄继光
用胸膛堵住敌枪射个不停
我们已经接回
特级战斗英雄杨根思
抱着炸药包奔向敌群冲锋
我们已经接回
一级战斗英雄邱少云
烈火烧身为隐蔽一动不动

我们已经接回
七百一十六位烈士的遗骸
曾经都是鲜活的生命
我们今天接回
一百零九位烈士的遗骸
都是顶天立地的英雄

很多人没留下名字
他们共同的名字就叫英雄
很多人找不到亲人
十四亿人与英雄血脉相融

有时
真不希望遗骸再有了
每见一具都是撕心般疼痛
有时
真希望一次都能回来
让强大祖国温暖不屈英灵

多想把你们唤醒
告诉你们——
我们今天生活在幸福之中
多想把你们唤醒
告诉你们——
我们已经开始迈入新征程

正因为有你们伟大的牺牲
中华民族才有今天的觉醒
今天的我们要用不懈奋斗
去告慰烈士们不朽的英灵

此情此景，恰是辽沈大地的英雄掠影。从奠基"大决战"，到共和国长子，再到东北老工业基地振兴发展，辽宁不仅承载了无数英烈，更孕育了无数英模。全国劳动模范孟泰、共产主义战士雷锋、航天英雄杨利伟、感动中国人物罗阳……英雄主义精神、革命红色血脉、艰苦奋斗品格，濡染了一代又一代辽宁人，不断汇聚起拼搏向前的磅礴力量。踏上第二个百年奋斗目标的新征程，传承英雄精神，赓续红色血脉，辽宁定会奋力开创全面振兴、全方位振兴新局面。

（作者系辽宁省政协委员，省政府外事办公室原党组书记、主任）

激情时光的雕塑

刘　庆

　　新中国的第一枚金属国徽，新中国成立后的第一炉钢水，还有第一台变压器、第一台 18 马力蒸汽拖拉机、第一辆无轨电车、第一枚地对空导弹"红旗一号"……沈阳，这座英雄的城市创造了无数个"新中国第一"。据不完全统计，仅沈阳铁西区北二路上的 37 家大型企业，就创造了新中国工业史上的 350 个"第一"。

　　沈阳不仅为中国工业史书写了重要一笔，还将许多工业遗存保存下来，留住那个英雄时代的难忘记忆。现如今，高品质的沈阳开拓着工业美学与现代科技时尚生活的崭新天地。曾经烟囱连成线、

厂房连成片的真实图景，经岁月流转和再造，变成今日的美术展厅、工业展馆、遗迹陈列馆和文创产业园等。到沈阳来一次工业游，感受中国近现代工业的嬗变和发展，如身临其境，不虚所行。

2012年，在沈阳建成并对外开放的中国工业博物馆，是全国最大的全面展示工业题材的综合性博物馆，占地面积5.3万平方米，建筑面积4.1万平方米，馆藏品1.5万余件，定级文物300余件，是全国爱国主义教育基地。

铁西工人村是共和国最早的工人住宅楼群，如今已建设成为工人村生活馆，完整重现了人们关于20世纪50年代、60年代、70年代、80年代的场景。这里唤起的不仅是记忆，更有对今天工业成果的感慨。过去时代光荣和朴素的风尚，让人们感知到今天的幸福美好生活是坚忍和辛劳播下的种子，是希望壁立于时光之崖、万般磨砺终于破茧化蝶而出的奇迹。

沿着时光的轨道前行，作为国内工业旅游项目的典范，华晨宝马铁西工厂、上汽通用大东工厂演绎着工业与艺术的碰撞与融合。沈飞航空博览园则集科技、国防教育、模拟体验于一体，让游览者

在探索太空奥秘的同时感受航空航天事业发展的魅力。

　　还有，沈阳大东区奉天机械局为代表的民族工业遗存，苏家屯铁路博物馆停放着世界各地的老火车头，以及 1905 文创园、红梅文创园、奉天工厂，现已成为都市青年的打卡地。步入景致优美的园区，穿行在一栋栋红砖厂房组成的建筑群间，人们拥抱别一番时尚、别一番意境、别一番记忆、别一番美好。

　　历史和工业文化元素重塑城市的肌理，让沈阳绽放出独具特色的人文魅力。行走其间，回望历史，自豪感油然而生。未来，人们会挺起钢铁般的脊梁，为推动辽宁振兴、沈阳振兴继续拼搏奋进。

　　（作者系沈阳市政协委员、辽宁大学文学院教授）

滨城又闻琴声起

陆　艳

　　海滨之城营口为中国四大乐器生产基地之一，素有"乐器之都"的美誉。1952 年，营口东北钢琴厂创建。1953 年第一台钢琴下线，"东方红"成为新中国成立后第一架出口钢琴。到 2000 年，东北钢琴出口全国第一，三角钢琴产量世界第一，产品出口美、德、日、韩等 27 个国家和地区，营口"东北钢琴"蜚声海内外乐器市场。

　　2007 年，受国际市场影响，东北钢琴被美资企业收购，19 年前

1988 年，30 名东北钢琴厂员工赴瑞典研修时的合影

185

引进的瑞典名琴"诺的斯卡"品牌被长期雪藏。曾经辉煌的东北钢琴厂，伴着辽东湾的海风，消散得了无声息……

东北钢琴的陨落，让无数营口人、辽宁人乃至东北人为之叹息。张晓文，早在 1986 年就在营口东北钢琴厂工作，30 余年的朝夕相伴，让她对东北钢琴情有独钟。2019 年，我省加快推进老工业基地建设、全力改造提升"老字号"，张晓文心潮澎湃："东北钢琴'老字号'焕发新活力的春天已经来临。"在"老钢琴人"的不懈努力下，在营口市委、市政府的大力支持下，2019 年 6 月，张晓文收购盘活东北钢琴厂。同年 10 月，"东北钢琴"在上海国际乐器博览会上重新亮相，饱满的琴音、出色的品质，让熟悉这个老品牌的朋友们梦回从前。他们奔走相告："曾经的东北钢琴，又回来啦！""东北钢琴'老字号'浴火重生啦！"

近两年，我曾多次跟随营口市政协教科文卫体委员会前往东北钢琴乐器有限公司调研，在一次深度交流后，已任公司董事长的张晓文敞开心扉："我收购琴厂主要有四点考虑：一是营口钢琴生产有着悠久的历史，是中国钢琴生产四大基地之一；二是东北钢琴是中国第一个走出国门引进国外先进生产技术的先行者；三是在 2003 年和 2005 年东北钢琴的出口创造了中国纪录，三角钢琴出口全世界 6000 架，到目前为止还没有同行业打破；四是这里有我的青春、我的汗水和难以割舍的家乡情怀。"

如今，作为"老字号"的东北钢琴正起航新征程、走向新辉煌。百年品牌"诺的斯卡"成为营口乐器产业最具含金量的标识。"诺的斯卡"牌钢琴先后荣获首届全国轻工业博览会金奖、第五届亚洲太平洋国际乐器博览会唯一金奖、西班牙第二十三届国际优质产品金星奖、纽约国际"质量高峰奖"、国际重点新产品奖、国家优秀新产品奖。

2021 年 7 月 2 日，百名小学生在东北钢琴乐器有限公司厂区内共同弹奏《唱支山歌给党听》

2021 年 7 月 2 日，为庆祝中国共产党成立 100 周年，在东北钢琴乐器有限公司厂区内，100 名小学生共同弹奏《唱支山歌给党听》，优美的琴韵、真挚的情感从孩子们稚嫩的指尖汩汩流出，表达着对中国共产党最真诚的祝福，彰显出"乐器之都"绵延深厚的文化底蕴。

（作者系营口市政协委员、营口市西炮台遗址管理处文物部主任）

小平房村百姓的城里生活

董 婕

"一幢幢规划整齐的二层小楼，绿树掩映下的乡村乡路，唱着歌谣的音乐喷泉，整洁干净的娱乐广场，洋溢着幸福的张张笑脸，那才是新农村该有的样子。"在朝阳市政协组织部分委员到建平县小平房村进行新农村建设调研时，大家纷纷为小平房村村容村貌和百姓生活感叹。

乐观的情绪最能感染人。调研组一进村，便迎面碰上了村里一

位 70 多岁的老人。听说委员们要了解小平房村新农村建设，老人的喜悦溢于眉梢："自从村里实行土地流转，我们不但每年有土地流转费可以拿，还可以领分红。现在我们一家 5 口人住的是二层小楼，生活环境不比你们城里人差。"

真没想到，新农村建设会让农村发生如此翻天覆地的变化，小平房村不但环境幽雅清新，且百姓生活充裕富足。同行的委员都被小平房村美丽乡村建设成果所触动。

"是啊，这样的日子以前真是想都不敢想。我们村现在 60% 的村民住上了小楼，70% 的村民拥有了小汽车，家家户户都有致富项目，不但 60 岁以上老人可享受养老补助，学生上大学还有助学金，现在我们农民的日子可是好过多了。"村民们高兴地说。

发展壮大集体经济是小平房村人幸福生活的源泉。20 世纪 90 年代初，小平房村依托矿产资源大力发展村办企业，才使村民逐步过上富裕生活，成为远近闻名的"辽西第一村"。

2016 年，小平房村在沈阳农业大学果蔬专家的指导下，通过土地流转、轧沟造地等方式修建高标准果树台田，建成 5000 多亩南果

梨园。前两年，种植大户李延海把承包的 120 亩土地全部种植上梨树，每到秋季，黄澄澄的梨子压弯枝头，果园年产南果梨 20 万公斤，收入 40 万元。

针对南果梨产业，小平房村还投资 2300 万元成立辽宁秀源果业科技开发有限公司，研制开发了南果梨鲜榨果汁饮料、无水酿造南果梨白酒、果酒等系列产品，使南果梨产业成为促进当地经济发展、农民致富增收的主导产业。

如今的小平房村已告别昔日破坏生态的矿山、石灰厂、铸铁厂产业，新办村企 8 个，固定资产超 3 亿元，年集体经济收入 1000 余万元，农民年人均收入达 2.6 万元，真正实现了工业、特色农业、旅游产业齐头并进，融合发展。小村还先后获得"中国美丽休闲乡村""全国生态文化村""产业兴旺十村""全国文明村镇"等称号。

日子过好了，可小平房村人并没有安于现状，他们又将发展的目光投向生态旅游。投资 1600 万元打造的天秀山 3A 级旅游景区，年接待游客 10 万余人次。未来小平房村将重点发展以农业观光、果蔬采摘为主的生态旅游产业，通过建设特色民宿、风情农家院等，打造乡村旅游综合体，从而增强农民的获得感和幸福感，让村民真真正正过上城里人生活。

（作者系朝阳市政协委员、朝阳师范高等专科学校红山文化研究所所长）

"随手拍"架起连心桥

许文欣

建设营商环境最优区，盘锦市兴隆台区从来不是说在嘴上，更多的是体现在具体行动中。

在兴隆台区，有一款手机软件一直被广大群众拍手称赞，它就是"智慧兴隆 APP 随手拍"，它不仅是政府部门收集问题、实现智慧管理的有效工具，更是老百姓进行问题投诉、建议咨询的"神兵利器"。

"随手拍"使用很简单，居民只要在手机上安装"智慧兴隆"APP，就会看到"随手拍"界面，里面包括"事件详情""事发地""图片""录音""视频""所属社区""所属分类"等需要填充的内容。上述内容填充完整后，点击"立即上传"，本次"随手拍"内容就被马上传输到兴隆台区智慧治理综合指挥平台。综合指挥平台则将按照"随手拍"反映问题的类别派单到相关街道或职能部门，相关工作人员会立即前往现场查看并联系诉求人，第一时间解决问题并回复市民问题流转、办理进展等情况，市民也可通过"随手拍"及时查看回复意见。

渤海街道景园社区居民彭闪闪，看到路边步道上的水泥砖破了几块，拿出手机，打开智慧兴隆 APP 上的"随手拍"功能，拍了两张照片，并附上说明文字，直接点击上传。问题报上去后，相关部

门工作人员与她取得联系，并把问题处理情况给予回复。她对相关工作表示满意，并通过手机对处理情况进行打分。

恒大社区居民上下班途中，发现小区楼门前护栏不明原因损坏，通过随手拍上报了一条涉及公共设施的问题。上报后，相关部门及时与小区物业联系，将护栏维修好，同时向居民们反馈了问题解决的信息。

"随手拍"不仅能反映问题，还有许多市民通过它传递社会正能量。比如，来自兴隆街道团结小区的居民耿女士上传了一条表扬的信息，表扬小区内随处可见联防联控人员，增加了居民的安全感。

"随手拍"的使用，有效改善了辖区的整体环境，改变了之前居民"有苦难诉、有题难解"的尴尬局面，提升了社区的服务质量，拉近了社区与居民之间的距离，真正成为政府与群众之间的一座连心桥、方便桥。

（作者系盘锦市政协委员、盘锦市兴隆台区政府副区长）

营商环境就是最好的"梧桐树"

徐洪飞

一个地方水质好不好，鱼儿知道；花儿多不多，蜜蜂知道；营商环境怎么样，投资者最清楚。

大连金普新区内的欧姆龙（大连）有限公司成立于1991年，每天有4.5万台电子血压计和3.5万支电子体温计及3万台其他健康医疗产品在此生产，并销往世界各地。欧姆龙能够来到大连的一个重要原因是看中了优美的自然环境和优质的营商环境，把大连定位

为一个生产基地。随着中国经济和大连经济的转型发展，欧姆龙在大连的投资不断增加，并显现出新的变化。通过事业整合，如今的欧姆龙已在大连形成了集研发、生产、销售于一体的发展格局。

30年间，这家全球知名企业已经完全融入本地生活，成为大连城市建设、经济发展、文化活动的积极参与者。从某种意义上看，日企巨头的"本地成长"，就是大连营商环境最好的"试金石"。

作为大连市政协委员，同时也是欧姆龙大连分公司的党委书记、工会主席，我对于这一点感触很深。大连分公司注册成立时，因为时间紧，我们通过网上申报办理营业执照。实际操作过程中，申办人员对"经营范围"总是不能准确表达、规范表述，只得赶到金普新区公共行政服务大厅说明情况。大厅工作人员非常重视，提供了一对一耐心指导服务，通过可视化电子流程，直接筛选出我们需要的"经营范围"，并协助办理，我们当场就领取了执照。

以前办理执照要提供住所证明、租赁合同、房产证等，现在整个流程变得非常简单，只需要一份《企业承诺》就可以进行了。就算是存在资料不全的情况，服务大厅也会提供容缺受理服务，正常办理业务。

近几年，国内制造业成本快速提升，大连欧姆龙"逆势上扬"，不但没有缩减规模，还继续追加投资3.2亿元，新建生产线和研发事务大楼，为未来50年的发展夯实基本盘。欧姆龙健康医疗事业在海外唯一的研发中心也设在大连。正像日方负责人所说："大连为企业提供了完备的基础设施，政府和企业之间的良性互动是大连最大的魅力所在。"

今年10月，欧姆龙中国大连财务共享中心成立，持续为新区经济社会发展贡献力量。成立仪式上，金普新区管委会副主任吕东升的致辞让我们感动。他说，金普新区将一如既往地为企业提供优质服务、创造更好的环境，要当好"店小二"，做好"服务员"，有事担责，无事不扰。有政府做坚实后盾，我们更坚定了在大连发展的信心和决心。

你若盛开，清风自来。只有种植更高更密的营商环境"梧桐树"，才能引来更多如欧姆龙这样的"金凤凰"。

[作者系大连市政协委员、欧姆龙（大连）有限公司安监经理]

二百年沉香添新韵

王　刚

　　近千米的地下酒窖，藏酒 50 余吨，具有文物意义的至今 200 余年的国宝酒……走进辽宁道光廿五集团满族酿酒有限责任公司博物馆，锦州市政协调研组的委员们被震撼了。在慨叹家乡浓厚酒文化的同时，也为道光廿五集团不负嘱托，不忘初心，遵先辈使命，将满族酿酒文化发扬光大的精神所感染，为锦州市政府助力企业发展的决心和行动所感动。

　　辽宁道光廿五集团满族酿酒有限责任公司始创于 1801 年，先后经历了"同盛金"烧锅、锦州凌川酒厂、辽宁道光廿五集团 3 个历史阶段。1996 年老厂区搬迁，在地下发掘出清朝道光乙巳年（1845年）穴藏贡酒 4 个木酒海，内藏原酒 4 吨。经鉴定，这批贡酒举世罕见，专家命名为"道光廿五"。道光廿五集团以传承满族酿酒技艺和传播满族酒文化为己任，以独到的文化眼光和内涵，坚守满族传统酿酒技艺的生产操作流程，建设酿酒原料基地，创建道光廿五酒文化博物馆和全国首批工业旅游示范单位，大力弘扬北方山林民族特有的、与自然亲密和谐的满族酒文化。

　　1999 年道光廿五穴藏贡酒被国家文物局认定为液体文物；2000年被评定为陈香型白酒的鉴定标准；2003 年被列入中华人民共和国

196

出土的木酒海

原产地域保护品牌。2006 年，满族传统酿酒工艺入选首批省级非物质文化遗产，道光廿五集团成为文化遗产保护单位。2009 年，道光品牌被国家工商总局认定为中国驰名商标；2011 年被商务部认定为中华老字号。

"近年来，锦州市政府部门从企业困难入手，为企业提供贴心周到服务，帮助我们解决了许多急难愁盼的问题，真是特别的感谢。"在调研中，道光廿五集团副董事长张慧向委员们说起锦州市政府优化营商环境，推动企业发展的事儿，话语间透着感激，也表达出对集团未来发展的美好憧憬。

道光廿五集团公司满族传统酿酒工艺的核心之一为小凌河的地下水。按规定，个人与企业不允许私自打井、用井。为此，锦州市相关部门积极帮助企业协调沟通，查找相关政策，最终按照非物质文化遗产保护的要求，支持企业按生产用量使用地下井，保证了企业正常生产经营。2017 年，为带动周边的经济业态发展，集团拟利

企业职工畅谈酒文化

用旧厂房打造工业旅游项目,然而却在土地使用方面遇到难题。锦州市相关部门经过深入细致的调研论证,批准企业建设文化产业示范园区项目。目前,该园区已被评为辽宁省文化产业示范园区。2020年,为最大限度地降低新冠肺炎疫情对生产的影响,锦州市政府及时出台职工劳动保险费减免、房产税减半、"以工代训"补助等优惠政策,帮助集团解决了诸多实际困难。

道光廿五集团以高品质产品回报市场和消费者,用现代化的经营管理思维擦亮道光廿五这块"老字号"金字招牌,为辽宁老工业基地全面振兴、全方位振兴贡献力量。

（作者系锦州市政协委员、致公党锦州市委专职副主委）

一个锡伯族女子的诗和远方

关　静

我是锡伯族人，但大概是被满汉环境同化的原因，我对本民族的了解在十年前几乎为零。直到 2013 年，我才开始真实触摸锡伯这个族群的雄健脉搏，责任和使命也促使我走向身为一个锡伯女子的诗和远方。

2013 年的那次活动，使我成为第一位重走西迁路的东北锡伯族女性，半个月的行走，给我的心灵震撼可以说是雷斧之声！我要在"被同化"中反转出本民族文化的"被认同"甚至"被弘扬"。在查阅各种史料的同时，我开始了大量的田野采访调查，找到了一批有价值的文物古迹，如锡伯第一碑巴彦碑、革命先驱关俊彦墓、两道光绪年间圣旨等；发现了很多民间遗存的老物件、老照片，特别是《大湾屯锡伯族瓜尔佳氏宗谱》等五部家谱、三部喜利妈妈，极具研究价值；证实了面酒、鞑子粥等是锡伯族特色饮食；收集了珍贵的民歌、小话故事等等。

数十篇调研文章被刊载流传，引起了全国政协文史资料《中国锡伯族百年实录》编写组的重视和约稿，我主导编著的《锡伯族在开原》一书也产生了不错的反响。

各种文化交流活动频繁开展，一个又一个寻根探亲团、一批批

专家学者来到开原；我们首创的锡伯人公祭辽河仪式感天动地，我们准备的"开原土、辽河水"，被新疆同胞视为珍宝，精心保存；关俊彦的后人，把从未面世的珍贵资料赠送给我，并委托我们帮助修缮关俊彦墓，这份信任令我感动万分！

锡伯文史研究和宣传成果也逐渐转化为生产力。八宝镇大湾屯村4000平方米锡伯文化广场、名人文化馆、关俊彦铜像等一系列民族标记最为醒目。乡村旅游、辽河旅游也因此独具特色。开原的锡伯文化之花以前所未有的明艳色彩灿烂在白山黑水间。

锡伯族的西迁精神也是中华民族精神的重要组成部分，我要为弘扬西迁精神继续奋力前行。这就是我，一个锡伯族政协委员的诗和远方。

（作者系铁岭市政协委员、开原市教育局副局长）

200

有"多重身份"的农业人

隋国民

省级农业科研单位负责人、农业科研人员、省政协委员,"多重身份"的我随不同"身份"奔走,是我日常的工作和生活。

作为省政协委员,我心系"三农",聚焦产业发展、脱贫攻坚和乡村振兴,深入基层和一线开展调查研究,积极建言献策,及时反映本领域人民群众的诉求和呼声,践行政协委员的使命和担当。

作为农业科技人员,我不放松对业务的高标准严要求,以辽宁省"兴辽英才计划"创新领军人才、省农科院水稻学科带头人的身份,主持完成国家863计划、粮丰工程、948项目等20多项,选育水稻新品种11个,获国家和省部级科技奖励10余项。我带领的水稻科技创新团队选育的品种在全省累计推广9000多万亩,帮助农民增收水稻40多亿公斤,创经济效益120多亿元,让农业科技在田间地头开花结果。

作为省农科院的党组书记、院长,我发挥"带头人"作用,整合全院科技人才资源优势,推进脱贫攻坚成果同乡村振兴有效衔接。我保持一线状态,定期到企业及省农科院科技示范基地调研,了解企业技术需求,摸清产业发展技术问题,以产业带动贫困户脱贫。我是职工的温暖后盾,及时到驻村工作队的工作现场了解科技支农

情况及进展，向派驻队员送去来自组织的关怀。

我用心用脑，设计了"政府+科技+企业+贫困户"科技扶贫模式，并在实践中探索创新。2015年以来，全院组建扶贫工作队33个、科技特派团216个，选派18名科技副县长和64名第一书记（副乡镇长）长期工作在脱贫攻坚第一线。因业绩突出，省农科院连续多年被评为"辽宁省定点扶贫先进单位"，并荣获2020年全国脱贫攻坚组织创新奖。我带领省农科院开展科技扶贫，创新"科技+"扶贫模式和"科技扶贫辽宁兴城经验"入选《中国减贫奇迹怎样炼成脱贫攻坚案例选》，为辽宁乃至全国扶贫工作提供可借鉴、可复制的经验做法。

我用智用情，聚焦农产品品牌附加值不高的问题找对策、找出路、搭平台。上任6年来，我带领省农科院与768家新型农业经营主体开展科企合作，以企业带动产业发展。其中，示范推广新品种463个、新技术1028项次，培植海城三星蔬菜、葫芦岛正业花生、义县果树、阜蒙肉羊和高油酸花生、彰武甘薯和切花菊、岫岩食用菌和柞蚕、建昌杂粮等一批特色农业产业，打造出一批叫得响的金字招牌……

"多重身份"的我每天日程表被安排得满满当当。"播粒粒种子给山村大地，洒滴滴汗水为父老乡亲。不管有多少身份，我始终记得自己是个农业人。"我要带领辽宁农科人寸地躬耕，深化"科技+"服务模式，把先进管用的好技术送到农村、农事企业和广大农户，在辽宁农业绿色、高质量发展和乡村振兴中践行使命，实现农业人的价值追求。

（作者系辽宁省政协委员，省农业科学院党组书记、院长）

平凡青春守望一城温暖

温常卿

2014 年，我刚满 20 岁，一场车祸夺去了我的左腿。突如其来的厄运没有把我击倒，我以顽强的毅力战胜伤残带来的困难，并主动承担起振安区抗美援朝烈士陵园义务管理员工作。

有人问我："作为一个'90 后'的小伙子，你为什么选择去做一名守墓人？"我平静又坚定地回答："我崇拜英雄，更敬重英雄，我愿意守护这些为革命奉献宝贵生命的烈士。"

在工作中我渐渐发现，一个人的力量有限，许多工作需要大家协调合作才能取得好的效果。于是，我在上级领导的支持下成立了"五龙背镇敬老助残暨红色基因传承志愿者服务队"，并担任队长。目前，服务队志愿者已注册 116 人，许多本地和外地的爱心人士都加入到这一爱心助残的队伍中，其中包括公安干警、个体私营企业主、政府部门的党员干部以及部队官兵、学校师生等。大家共同的愿望就是伸出援手、献出爱心，身体力行传承红色基因，展现新时代青年志愿者的最美风采。

志愿者服务队经常到敬老院看望那里的老爷爷、老奶奶，老人们看到我们就像见到了亲人一样。我还义务承担了给老人购买日常用品的任务。一次，患关节炎的五保老人于连成要买护膝，我跑遍了周边的商店也没有买到合适的。最后，我终于在网上找到了，并第一时间送到敬老院。于爷爷双手捧着我送去的护膝激动得说不出话来。我经常和志愿者到社区、村组、企业和学校帮助群众解决实际困难。残疾人李德家中房屋失火，我们立即送去棉衣棉被，联系保险理赔。残疾人鲁长东家房屋因遭暴雨山墙坍塌，我们第一时间赶到现场紧急救助，还帮助他办理灾后重建的相关手续。残疾人赵克发家中果园的苹果滞销，大家帮助老赵卖苹果。重残人士王俊国生活不能自理，我们就帮助他家修井、修路，解决生产和生活困难。伤残军人邓继权和儿子都是残疾人，我们主动包下了邓家的家务活，看病、买菜、修房子，啥时候需要啥时候到。为弘扬革命先烈的英雄精神，更好地发挥烈士陵园爱国主义教育基地作用，我又组建了丹东市首个红色基因传承志愿者服务队，常年坚持组织部队、学校、机关、企业的志愿者到陵园开展纪念烈士活动，用实际行动表达对烈士们的崇高敬意。我积极与司法部门沟通协调，组织刑满释放和监外服刑人员到烈士陵园开展义务劳动，缅怀先烈，思过悔改，收到了较好的反响和效果。2017年8月，我当选为中国肢协青年工作委员会委员，又有幸成为年龄最小的区政协委员，并先后获得"省新时代向善向上好青年""省优秀志愿者""辽宁好人"等荣誉称号。作为一名志愿者，我将牢记初心使命，真情回馈社会，向着更高更远的目标迈进。

（作者系丹东市振安区政协委员，丹东市振安区毛娟社区党支部委员、残联专职委员）

205

玛瑙之都

王永忱

　　玛瑙，是大自然对阜新这一方热土的最好馈赠，是一代又一代的阜新人精心雕琢、匠心传承的文化血脉。八千载岁月悠悠，当初的那块顽石已幻化成通灵宝玉，享誉八方，而阜新也发展成为饮誉全国乃至世界的"中国玛瑙之都""世界玛瑙之都"。

　　古往今来，"玉"在人们心目中始终是一个圣洁而高贵的字眼，它融合了各种美好而多姿的想象与传说。触摸阜新玉文化历史的脉络，近 8000 年的查海古人类遗址出土了大量的玛瑙刮削器和玛瑙

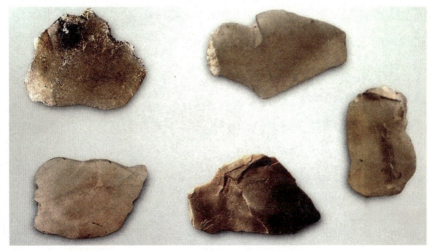

查海遗址出土的玛瑙制作的工具

十家子玛瑙产业基地

镞，证明阜新是世界上最早认识玛瑙和使用玛瑙的地方。阜新清河门辽墓出土的莲花式盅及玛瑙管珠项链、酒杯、围棋等距今也有1000年的历史。清乾隆年间，宫廷所用玛瑙饰物和雕件大部分来自阜新，今阜新蒙古族自治县七家子乡宝珠营子村就是因乾隆皇帝60大寿时进献"佛光玛瑙朝珠"而受封得名。

大量的史料充分证明，阜新玛瑙在玉文化历史长河中留下了璀璨夺目的一页。

阜新玛瑙产业有着得天独厚的优势，有着雄厚的发展基础和发展潜力——

玛瑙资源储备丰厚，产业基础扎实。经专家评估，阜新玛瑙储量可达500万吨，在全国名列前茅。在此基础上，巴西、马达加斯加等世界各地的玛瑙原料也大量汇入阜新。有5万多人的玛瑙从业大军，1800多家玛瑙业户。

阜新玛瑙雕刻技艺传承有序，人才基础厚实。现有国家级非物质文化遗产传承人1人、中国工艺美术大师2人、中国玉雕大师9

战国红玛瑙交易市场

人、享受国务院政府津贴 3 人、省级以上玉雕师 158 人、中级及以上专业人才 300 余人。

阜新玛瑙集聚效应显现，产业链日趋完整。阜新十家子玛瑙集群工业园、十家子玛瑙城、阜新市区的玛瑙宝石城、高新区玛瑙精品加工基地，众多的玛瑙加工企业形成了从原石开采、原石贸易到生产加工及终端销售的完整产业链条。目前，阜新玛瑙产业已被阜新市委、市政府列为"十四五"重点文化产业之首。阜新市将出台一系列强有力的推进措施，加强十家子玛瑙特色小镇建设，推进玛瑙产业园项目落实，努力把阜新打造成玛瑙集散中心、加工中心、设计中心、文化中心、信息中心。

未来，阜新将以深厚的玛瑙文化和历史底蕴走向世界更宽广的舞台！

（作者系阜新市政协委员、阜新市政协文化文史委主任）

初心不改建诤言

滕丽君

17 年前，我当选辽阳市政协委员。从那时起，我经常对自己说："要保留一颗初心，培养赤子情怀，承担家国责任，达到至善境界。"作为政协委员，我希望内心中能常驻一抹明媚的光，在它的照耀下深入基层，认真履职，替百姓说话，为民生代言。

《"寅吃卯粮"背后的财政增收问题》是我第一次参加政协会议所做的发言。当时，税收上的"寅吃卯粮"问题时有发生，这种"杀鸡取卵"式的征税方式对企业危害极大，容易破坏企业的现金流，是对企业强制性"抽血"。我的发言得到与会市领导的高度重视，很多委员会后和我交换意见，觉得我"胆量过人""敢说大实话"。一位老同志拍着我的肩膀说："你也太直了，别人心知肚明的事，你非得说出来，而且还要在市领导面前说出来……"我能感觉到他对我的一番爱护之心，深恐我因直言不讳而影响个人成长进步。但我觉得，作为一名政协委员，为国履职、为民尽责是义不容辞的责任和情怀。我愿意坚守初心，向着自己的目标奋力前行。

在履职生涯中，还有一篇题为"发挥税收调控功能，优化营商环境，助力辽宁经济发展"的调研报告让我印象深刻。报告主要是针对我省土地使用税单位税额过高，优惠政策制定层面存在制约本

土企业发展问题而提出的意见建议。因报告内容涉及税务系统内部政策制定，我在形成初稿时征求了我所在单位负责人的意见。他深感问题敏感且重大，但仍全力支持帮助我做好相关工作，并同意我积极反映问题、建言献策。其实我也明白，政协委员在写提案和社情民意信息时，忌讳触及本单位的专业领域。一是怕给本单位增添负担，二是怕给自己带来麻烦。如果没有时任部门领导的支持，这篇调研报告或许被束之高阁、石沉大海。

2018 年，我的这份调研报告以社情民意信息的形式被全国政协采用，财政部、国家税务总局下发具体文件，对该建议予以落实。同年 10 月，我被市政协选派参加国家发改委在黑龙江省大庆市举办的东北三省营商环境研讨大会，以该报告为背景做题为"规范城镇土地使用税征税范围及调整单位税额标准"的主题发言，得到国家发改委高度重视。两年内，黑龙江省 7 个市、吉林省 9 个市、辽宁省 3 个市下调了单位税额标准，辽宁省规范了该税种征税范围，为企业发展提供强有力的税收政策支持。

作为一名老委员，希望我的故事能够给其他委员带来一些启迪：生活中有许多事情值得我们去挖掘、去提炼，发现不足时与其抱怨，不如去改变，通过人民政协这一履职平台，谏真言、谋善举、献良策。

我希望，每一个人都能充分享受阳光的照耀，每一个人都能过上有尊严的生活。为了这份初心，我会一直在路上，永远在路上……

（作者系辽阳市政协委员、辽阳市宏伟区政协副主席）

我们团队火了"绿"草莓

李文生

北纬 40 度是公认的黄金水果带。得天独厚的地域和气候条件，使丹东成为草莓的绝佳种植地；农业科技工作者的钻研奉献，使丹东草莓成为享誉全国的区域标志性农产品。我所带领的丹东民革秸秆生物反应堆技术服务团队，就是这样一支致力于帮草莓火起来的智囊团队。

下农村、进田地，翻山越岭，进村入户，我们团队行程 20 多万公里，足迹遍布草莓种植区的田间地头，就为了掌握草莓生产的第一手资料。我们发现，草莓种植缺乏统一生产标准和管理方法，农药、化肥施用完全凭个人的经验，土壤板结、重茬障碍、死苗严重、农残超标……这些问题成了制约草莓产业发展的重要因素，也给种植户带去无尽的苦恼。

能不能让草莓绿色发展呢？如果农民采用有机种植管理方法，减少化肥的施用量，就能降低土壤板结程度，逐步改善土壤的结构和肥力，从而实现提升草莓品质的目标。为此，我和团队研究用农作物秸秆、植物菌种代替化肥，用植物疫苗代替农药，通过秸秆生物反应堆技术让草莓"绿"起来。

在满怀期待中，我和团队开始了种植草莓的绿色实践。赶在

2008年当季草莓种植前，我们在东港草莓种植集中连片的村组发展了20多个示范户，手把手教技术、建造秸秆生物反应堆、组织农户现场示范教学，直到农户真正掌握技术的原理和实际操作。功夫不负有心人，秸秆生物反应堆技术在2009年元旦前开花结果——草莓全部通过了有机标准检测，品质大幅提升的同时还增产了30%，种植户平均每亩增收近万元。

从小试牛刀到一发不可收拾，我和我的团队不断延展服务视角。我们扩大秸秆生物反应堆技术的应用范围，长期为困难种植户免费提供秸秆技术生产资料，帮助对接市场，组织他们到示范基地参观、研学，为草莓产业插上科技的翅膀。我们创新思路，用单体包装代替传统塑料盆装解决草莓长距离运输问题。好内容又有好形式，草莓远销大庆、北京、上海、广州等地，在一路飘红中拓宽农户脱贫致富的道路。在内外兼修的自我提升中，丹东草莓还赶了一把时髦，吸引阿里巴巴、京东等电商企业前来合作。东港草莓的品牌价值达到77.5亿元，东港市连续两次被确定为国家电子商务进农村综合示

范县、国家农产品质量安全县……

　　如今，丹东草莓是全国农产品地理标志产品，更是丹东市的绿色名片、金字招牌。全市草莓生产面积达到 20 万亩以上，年产量 42 万吨，分别占全国草莓种植面积和产量的 6%、13%，总产值达 43 亿元。有 7 万农户、2000 多名经纪人以及上百家企业从事草莓种植、加工和商贸流通，年出口草莓制品近 4 万吨，出口创汇达 3500 多万美元。在带动农民脱贫致富的同时，秸秆生物反应堆等农业新技术还促进了城市的绿色发展。以东港市为例，秸秆综合利用率达到 90% 以上，空气质量达标率达到 99.7%。

　　又一个冬天到了，在大雪皑皑时品一份红艳艳的草莓，是健康的生活，也是时尚的美感。我和团队仍然在丹东忙碌，在知与行的实践服务中酝酿下一个动人的产业故事。

（作者系辽宁省政协委员、民革丹东市委主委、辽东学院农业经济与产业化研究所所长）

我心目中的沈鼓集团

梅 玉

2007 年，我在法国经济学研究生毕业后，毅然回到家乡，入职沈鼓集团。当时的沈鼓集团按照国家有关振兴东北老工业基地的部署，完成了与沈阳水泵、沈阳气体压缩机两家企业的战略重组，从铁西区云峰街狭小的厂区搬迁到经济技术开发区内现代化的通用装备制造基地，主要从事离心压缩机、轴流压缩机、膨胀机、鼓风机、通风机、往复式压缩机、核电用泵、石化用泵、蒸汽轮机等产品的研发、设计、制造和服务业务，担负着为石油、化工、空分、电力、冶金、环保、国防等关系国计民生的重大工程项目提供国产装备的

任务。

时至今日，我仍然清晰地记得，2008年第一次参加沈鼓集团承制百万吨乙烯装置三套压缩机组的开工大会。沈鼓人气势如虹，由无数蓝色工装绘就的画面仿佛大海般波澜壮阔。师傅告诉我，乙烯裂解气压缩机组设备，是乙烯裂解装置的"心脏"，能够为装置提供动力，对乙烯的生产能力具有重大影响。沈鼓集团研制百万吨乙烯裂解气压缩机组，将成为载入中国装备制造业史册的大事件。它不仅能替代进口，维护国家的经济安全和战略安全，也标志着我国民族工业迈上一个新台阶。听完师傅的讲解，我心潮澎湃——有幸能为国家强大做出自己的努力，是多么自豪和幸福的事！

我国是一个"缺油、少气、富煤"的国家，发展煤炭深加工是我国减少对进口石油和天然气的依赖和调整能源结构的重要选择。压缩机组是为整个煤化工工艺流程提供动力的"心脏设备"。在国内煤化工项目中，需要大量10万等级空分压缩机组，然而，其核心技术长期被少数外国公司所垄断。我国大型空分装置压缩机组全部依赖进口。10万空分压缩机组的国产化不仅可以为国家和用户节省大量投资，更关系到国民经济安全。

多年来，沈鼓集团致力于大型空分装置压缩机的开发，先后开发了3.5万空分装置空压机、5万空分装置多轴多级齿轮组装式增压机样机，并先后向用户成功提供了4万、5.2万空分装置用压缩机组，为研制10万空分空气压缩机组做了充分的技术储备。2015年6月，在沈鼓营口试验基地，由沈鼓集团自主研发的我国首套国产10万 Nm^3/h 空分装置压缩机组圆满完成全负荷性能试验。该机组各项机械性能及气动性能指标均达到国际先进水平，充分体现了沈鼓人的创新精神和严谨的科学态度。

从改革开放之初的几千万产值到如今的百亿产值，从长输管线

压缩机、百万吨乙烯压缩机到 10 万空分压缩机等等，沈鼓集团发生了翻天覆地的变化，但不变的是沈鼓人对国产重大装备核心技术的赤诚追求，不变的是沈鼓人面对困难挑战敢于亮剑的果敢决心。

为了满足企业多元化发展的战略需要，沈鼓集团先后建成核泵国产化研发生产基地、营口装备制造产业基地、军工能力建设项目、核电主泵多功能全流量试验台等，成为国内加工能力最强、试验等级最高、试验手段最完善、起吊能力最大的离心压缩机、泵类、往复压缩机试验、研发、生产基地。

沈鼓集团素有"人才沃土，劳模摇篮"的美誉，为每一名敢于追梦的员工提供施展才华的舞台。杨建华、徐强、"五朵金花"、姜妍等一批典型人物的先进事迹，在全国上下引起强烈反响，为辽宁老工业振兴赢得了巨大荣耀。

在沈鼓集团党委编印的内刊里，我读到了一首特别喜欢的诗，也代表了很多沈鼓人的心声：

> 沈鼓，你是一片生长希望的沃土
> 我像一粒种子嵌入你的心中
> 假如允许再一次选择人生
> 我还会让滚烫的心在你怀里跳动
> 沿着更高更快更强的跑道驰骋
> 雄壮的辉煌颂由我们谱成……

多年来，沈鼓集团用一大批重大国产技术装备为中国能源化工行业的重大工程和重点项目提供了强有力的支撑，挺起中国装备制造业的脊梁。今天，沈鼓集团已经踏上改革创新发展的新征程。作为年轻的沈鼓人，我们有幸赶上了一个创造的时代、转型的时代、伟大的时代！我们一定继承好沈鼓集团的优良家风，不忘初心、牢记使命，以功成不必在我的态度和建功必定有我的担当，为国家再铸重器、再立新功！

（作者系沈阳市政协委员，沈鼓集团齿轮压缩机有限公司党委书记、副总经理）

让创业人的故事更精彩

濮 刚

营口是近代商贸的摇篮，是民营经济的沃土。在民营经济长期发展过程中，营口涌现出许多优秀的、有社会责任感的企业，他们大多有着艰苦创业的历史、曲折的发展历程以及优秀的企业文化和独特的核心理念。把这些宣传出去，不但能让企业感受到政府的关怀和社会的认同，进一步坚定发展信心，也有助于全社会了解营口在扶持企业成长和优化营商环境方面的各项举措。然而，应该采取怎样的方式呢？这是我一直思考的问题。

2020 年 1 月，在营口市政协十三届三次会议分组讨论时，我提出，借助主流媒体的公信力和导向作用，大力宣传营口的创业文化和创业精神，营造出良好的创业氛围。这一想法得到大家的赞成，经济界委员集思广益，共同研究形成了"借助媒体开设《营口企业故事》或《营口创业人》专栏，提升本地企业知名度和社会影响力"的界别提案。提案提出，要充分挖掘城市有底蕴、有情怀、有温度的人和事，多讲普通人的创业故事。只要创业故事得到认可，能够引起百姓的共鸣，都可以大力宣传。通过这种方式让那些伴随着人们记忆的老店和忘不了的经典味道在营口传承，体现营口的城市精神和城市文化。

219

这份提案被列为市政协当年的重点提案并得到了较好办理，自2020年6月起，营口新闻传媒中心启动专版陆续刊发营口企业家的创业故事。一年来，《逗猫遛狗让我投身宠物用品行业》等多篇企业创业纪实故事陆续报道。聚集年轻创业者的典型事例，分享企业创业创新的经验教训，既弘扬了营口企业家的创业创新精神，扩大了企业的影响力，也树立起了一批创新创业典型，更推动形成了鼓励创新的良好风气，助推了本地企业的健康成长。

同时，营口市政协的努力并未停歇。2020 年 1 月，在市政协十三届三次会议上，市工商联做《设立"企业家日"，打造营商环境升级版》的大会发言，所提建议得到市领导的高度重视和广大民营企业家的积极响应。今年 8 月 12 日，营口市人大常委会通过关于设立"营口民营企业家日"的决定，这一举动更加彰显营口大力弘扬企业家精神，鼓励企业家干事创业的决心。

2021 年 11 月 1 日是营口市首个"民营企业家日"，营口市隆重召开优化营商环境加快民营经济发展动员大会，这是营口市围绕推动民营经济发展举办的最大规模、最高规格的全市性会议。会议印发并解读了《营口市营商环境优化行动方案（2021—2024）》等 4 个文件，20 家民营企业和 10 名民营企业经营者分别获得创新奖、贡献奖和成长奖。会议强调，市委、市政府将以优化营商环境为突破口，让营口真正成为企业家的盛产地、公共地、向往地，成为全省民营经济发展的标杆城市！

"企业家日"的设立和这套政策组合拳的出台，是市委、市政府以及全市上下对营口民营经济和营口创业者们的再一次肯定。作为东北地区民营化程度最高的城市和国家民营经济发展改革试点城市，营口遍地开花的 25 万户市场主体，正以勃勃的生机讲述着自己的故事，承载着城市的历史，更创造着城市的未来……

（作者系营口市政协委员、营口市金旺粮油食品有限公司总经理）

农村集体产权制度改革的红利看得见

喻绍明

辽阳县下达河乡大西沟村扎实推进农村集体产权制度改革，有效盘活村集体资产，成立经济联合社，吸纳村民入股，发展壮大村集体经济，让村民共享改革发展的红利。

一分钱不出就成了股东

农村集体产权制度改革实施后，清产核资村集体经营性资产

365.71 万元，确认集体经济组织成员 1213 人，村集体成立了大西沟（小西沟）股份经济联合社，把 365.71 万元经营性资产平均分配入股，集体成员每人持有 3015 元股金，村民实际上分文未掏，"摇身一变"就成了股东。

大棚里栽下"摇钱树"

联合社有效经营集体资产，不断吸引外来投资，建成温室大棚 32 栋、冷棚 10 栋、鱼塘 60 亩，发展特色蔬果种植、水产养殖、观光垂钓等产业，集体经济不断壮大。村民郝春辉看到了商机，他承包了联合社的 3 栋葡萄大棚，每栋大棚每年能给他带来 5 万多元的经济收入，一年能挣 15 万元。郝春辉说："大棚里栽的那是摇钱树。"

村集体的大棚和鱼塘

联合社让我脱了贫

贫困户李洪涛身体不好，和老母亲一起生活，靠低保过日子。加入联合社以后，娘俩分到6030元的股份，每年都能拿到分红。乡里实施产业扶贫，安排李洪涛到联合社的大棚打零工，一年能赚1.2万元，现在娘俩吃穿不愁，每年还有结余，日子越来越有奔头。

大西沟村的经济联合社越办越好，资产增加到500多万元，股东们的股金也跟着水涨船高，每股从3015元涨到了4000多元，村民财产性收入逐年增加，2020年村人均收入达到1.6万元，36户贫困户全部脱贫。

大西沟村的变化是辽阳县集体产权制度改革的一个缩影。在产权制度改革的有力推动下，辽阳县的农村集体经济不断发展壮大，

农村经济活力充分释放，农民收入水平不断提升。

（作者系辽阳市辽阳县政协委员、辽阳市辽阳县下达河乡党委副书记）

最美滨海湿地

张晓菊

我是土生土长的盘锦人，对家乡这片热土充满无限热爱，对这片最美滨海湿地魂牵梦绕。作为一名政协委员，我长期关心关注这片最美湿地的一草一木；作为自然资源管理部门的一名干部，我经常深刻触摸这片最美湿地的历史脉搏；作为一名盘锦人，我有责任讲好这片最美湿地的精彩故事。

我为最美湿地的价值而赞叹！盘锦自然资源禀赋优异，湿地是盘锦生态的底色和对话世界的名片，是盘锦的天然胎记，作为一座被誉为"轻轻放在湿地上的城市"，盘锦享有"湿地之都"的美名。盘锦处于辽河、大辽河、大凌河三条河流入海口，拥有2165平方公里自然湿地，其中滨海湿地392平方公里，是世界上最大、最典型的滨海湿地，也是中国最北滨海湿地。河海交汇地理环境造就8万公顷芦苇湿地以及红海滩自然奇观，拥有中国北方地区密度最高的水网系统，共同构成独特的生态景观系统。盘锦全域综合生态用地占比近七成，湿地占市域面积60%以上。辽河口滨海湿地和沿海滩涂构成生态"双肾"，生物生产力高，具有巨大碳汇功能，在实现"碳达峰、碳中和"目标进程中发挥重要作用。这片湿地滋养了450余种各类野生动物，是东亚到澳大利西亚水禽迁徙给养地、丹顶鹤

南北迁徙停歇地、黑嘴鸥种群繁殖地、斑海豹繁衍产崽地。

我为最美湿地的改善而振奋！我欣喜地看到，为了"让市民重新享受到这片珍贵滨海湿地带来的生态福祉"，盘锦市委、市政府以对历史、对人民高度负责的态度，聚焦生态建设高质量发展，变"发展保护"为"保护发展"，自 2015 年起全面启动实施"退养还湿"，并将其作为重大政治任务和政治责任，立足大局、敢于担当、依法合规、精准施策，举全市之力打出"退养还湿"组合拳，将滨海湿地所有养殖设施全部拆除，598 户养殖业户全部退出，湿地面积恢复 8.59 万亩，新增自然岸线 17.6 公里，造就了全国最大的"退养还湿"工程，构筑起"中国最北海岸线"生态屏障。同时，盘锦市高质量实施退出养殖坑塘清理修复工作，清淤潮沟 21 条，疏浚量 264.60 万立方米，清理近岸构筑物 194.08 万立方米，初步实现自然水系连通，生物洄游通道贯通，湿地生态功能全面复苏，植被覆盖率显著提升，栖息生物种群数量日益增加，广袤湿地焕发新颜。

我为最美湿地的发展而鼓舞！"退养还湿"彻底解决了盘锦滨海

湿地"破碎化"和围海养殖的历史遗留难题，让我看到了盘锦市推进生态文明建设的政治担当和责任担当，也看到了盘锦市委、市政府志存高远、拼搏进取的胆略与气魄，更看到了盘锦走生态优先、绿色低碳的高质量发展之路的坚定信心与决心。

我为最美湿地的未来而期待！我坚信，在盘锦市委、市政府的坚强领导下，我们始终秉持"绿水青山就是金山银山，红滩绿苇也是金山银山"的理念，驰而不息深入贯彻习近平生态文明思想，着力健全湿地生态保护工作长效机制，全力守护好永续发展的生态宝贵资源，就一定会在保护城市"湿地个性"和"生态内涵"中推动美丽盘锦建设再谱华章，在推进生态文明建设中推动"湿地之都"盘锦再创辉煌！

（作者系盘锦市政协委员、盘锦市自然资源事务服务中心副主任）

元宝房村翻出"金元宝"

于德才

　　村里的主干道都是柏油路，各家各户门前小路全部实现硬覆盖，200 多个香菇大棚遍布在 13 个自然屯里，这是庄河市青堆镇元宝房村独特的风景。今年 9 月，庄河市政协委员再次对元宝房村进行视察调研时，村里的变化让委员们感到高兴。"2016 年，我们村人均年收入八九千元，2020 年翻了一番，达到 16320 元。"提起村民生活的变化，元宝房村书记吴高峰如数家珍，声调也高了几分。依托香菇产业，元宝房村实现了村民、集体双增收，这个曾经的低收入村，村民如今抱上了"金元宝"。

　　元宝房村位于大连庄河市青堆镇北部 20 公里处，曾是大连市128 个低收入村之一，全村户籍人口 2982 人。"以前，大家只知道种地，品种单调，收入低。"吴高峰说。"低收入村"的帽子，元宝房村"戴"了很多年。

　　根据庄河市委、市政府的统一部署，元宝房村在整村推进产业扶贫项目时，通过精心考察，用心筛选，最后确定发展香菇种植。"大家最初只有'种地'的老想法，对于种植香菇并不认可，我就包车带着村民出去学习。"吴高峰说。几经周折，项目最终确定。他又亲自跑市场，帮助种植户考察建棚原料，货比三家，尽量让种植

户节约建棚成本。当年参与农户 50 户，共建香菇冷棚 94 栋，种植香菇 84 万棒。

香菇产业项目的确立和发展，既解决了群众致富的难题，也奠定了村集体经济脱壳的基础。2019 年，元宝房村争取上级产业扶持资金又新建气调库及烘干库各一座，以保证菇农香菇保鲜和烘干需要，全村种植香菇总产值达 1400 余万元，带动劳动力就业 600 人以上，全村 13 个自然屯均有香菇种植，可谓遍地开花，香菇产业已成为元宝房村的主导产业。

经过五年的脱贫攻坚，2020 年末元宝房村香菇种植面积已达到 200 多亩，建钢骨架冷棚 203 个，参与农户 105 户，种植数量达到 200 多万棒，产值达到 1400 万元，可为村民带来 500 万元的现金流，共计为村集体带来 10 余万元的纯收入。

元宝房村的变化，是庄河市扶贫攻坚工作成果的缩影。通过多年接续努力，庄河市 55 个低收入村全部实现脱贫退出。

深入开展调研，积极建言献策，今年以来，庄河市政协将巩固拓展脱贫攻坚成果与乡村振兴有效衔接作为履职重点之一，为推动

庄河市乡村振兴贡献智慧力量。

召开议政性常委会会议,专题协商培育农业发展新动能工作;召开双月协商座谈会,围绕农业龙头企业高质量发展进行协商议政;聚焦乡村振兴和农业农村现代化开展会议监督和视察监督,形成意见和建议32条,转化为市委市政府决策20余条;组织撰写《关于巩固脱贫攻坚成果同乡村振兴有效衔接的调研报告》,报市委、市政府供决策参考,得到市委、市政府领导的高度肯定;向大连市政府和庄河市政府提交涉农提案26件,报送涉农社情民意信息32条,均得到积极回应和有效办理,切实解决了一批事关农业高质量发展和农民切身利益的焦点、难点问题。

建真言,出实招。在今后的工作中,庄河市政协要坚持围绕中心、服务大局,坚持立足岗位、履职尽责,充分发挥政协优势作用,为全面推进乡村振兴、加快农业农村现代化献计出力。充分发挥政协政治协商、民主监督、参政议政的职能,组织引导全市政协委员

多为大连和庄河市高质量发展建言献策，增加乡村振兴战略决策部署的科学性和有效性，推动庄河加快建设大连市农业农村现代化示范区、城乡融合发展先导区和绿色经济示范样板区，实现乡村全面振兴。

（作者系大连市政协委员、庄河市政协主席）

观赏鱼游出致富路

石全成

在鞍山，"三台子鱼市"这个普通的市场名字却是一个注册商标，在全国水族行业内无人不知，无人不晓。每天从这里发往全国各地的观赏鱼源源不断，一尾尾风雅靓丽的观赏鱼为全国各地的客商创造了很大的经济效益。一尾尾小小的观赏鱼从鞍山"游"向全国，为鞍山的观赏鱼从业者创造了可观的经济收入，成为鞍山地区的特色农事产业。作为名副其实的孔雀鱼之都，"鞍之霞"和"鞍之红"这两种鞍山地产观赏鱼是得过全国金奖的知名品牌，在全国市场的观赏鱼份额不容小觑，以"鞍之霞""鞍之红"为代表的鞍山小型观赏鱼在全国市场占有率达70%。经过18年的发展，鞍山已成为东北地区最大的水族批发集散地，鞍山三台子观赏鱼交易中心也发展成为中国三大观赏鱼交易中心之一。

鞍山三台子观赏鱼交易中心成立于2002年，位于鞍山经济开发区达道湾镇李三村，中心生产、加工、销售水族箱及水族器材，繁育、养殖、销售各种观赏鱼。经过近20年的发展，辐射整个东北三省、内蒙、新疆、河北、天津等地，提供本地2000多个就业岗位，安置大量下岗工人和农村剩余劳动力。品质的提高、品牌的树立，使观赏鱼的价格从几毛钱一尾发展到成百上千元一尾，使鞍山观赏

鱼的覆盖面从东北三省走向全国各地。

近五年，三台子观赏鱼交易中心重视科技创新、品牌效应、会展经济、电子商务、旅游观光、金融服务等产业发展理念，主动寻

求政府部门、科研院校的支持，大力发展观赏鱼现代化养殖，产业延伸至鞍山市区、海城周边多个乡村，以及沈阳、营口、辽阳等地，带动上下游就业人员达10000人，年产值达13亿元人民币。观赏鱼产业已经成为鞍山的特色农业产业，三台子观赏鱼交易中心成为中国渔业协会孔雀鱼分会会长单位。交易中心以现有的"鞍之霞""鞍之红"两大观赏鱼商标为基础，积极开展城市品牌建设；与大连海洋大学合作建立了鞍山市观赏鱼产业技术创新战略联盟，并专设服务站，每月来鞍山走访调研，为养殖户提供技术服务。

每周四早4点是三台子鱼市的大集日，在开市前两三个小时，养殖户便开着货车、农用车、电动三轮车载着装满锦鲤、金鱼、鹦鹉鱼、燕鱼、彩霞等品种观赏鱼的泡沫箱，从四面八方来到鱼市。此时，来自黑龙江、吉林、内蒙、河北、天津、山东等地的观赏鱼及鱼缸、鱼饲料、辅料的批发商已经在鞍山建设大道两侧排成一条长龙，场面蔚为壮观。4 点大集正式开始，市场内彩灯闪烁，各式各样的观赏鱼、水族箱、水族器材应有尽有，批发大厅内人头攒动，数千箱观赏鱼有序上架售卖，客商选鱼付款，业户打包收款，一派繁荣景象。经过一个早晨的忙碌，中午前外地客户装车返程，大厅的养殖户整理摊位，门市的业户清理商品次日上架。等待一周后的同一时间，三台子鱼市又将迎来新一轮的大集日。如此循环往复，成为鞍山农事产业一道亮丽的风景。

交易中心从 2004 年至今，先后举办首届观赏鱼博览会、首届中国水族产业发展高峰论坛等重要赛事和论坛，为鞍山观赏鱼产业乃至中国水族产业的健康快速发展起到促进作用。

（作者系鞍山市政协委员，鞍山市经济开发区宋三台子村党支部书记、主任）

一"鹿"向前

王 宇

　　我是土生土长的西丰人，我的家乡西丰因河水西流、物产丰盛而得名。七山半水二分田，半分道路和庄园。这里57.81%的森林覆盖率，超过世界卫生组织标准13倍的负氧离子含量，四季分明的中温带大陆性季风气候，造就了梅花鹿生长的天然良所。

　　西丰和鹿的渊源可以追溯到300多年前，从"盛京围场"到

授予：辽宁省西丰县

中国鹿乡

中国野生动物保护协会
二零零八年五月

"皇家鹿苑"，从自然馈赠到人工繁育，西丰人首开人类饲养梅花鹿先河，是全世界梅花鹿养殖的起源地。300 多年来，与鹿共生已渗透进西丰的血脉与精神，经过历史的轮转，成为西丰独有的经济亮点和文化符号。到 2020 年末，西丰全县梅花鹿年饲养量 4.5 万只，存栏 2.7 万只，共有梅花鹿养殖户 200 余户。

2008 年，西丰被中国野生动物保护协会命名为"中国鹿乡"。"西丰梅花鹿"被中国农学会特产学会授予"中国梅花鹿最佳品种奖"，鹿茸优质率、产崽成活率等八项主要技术指标居国际领先水平。2012 年，"西丰梅花鹿"地理标志证明商标获得国家工商总局批准。2020 年 5 月 29 日，农业农村部公布了《国家畜禽遗传资源品种名录》，梅花鹿由野生动物变为特种家畜。西丰梅花鹿是被列入名录的七个优质培育品种之一。

汇山川河流之灵气，孕育天地灵秀；集万千精华于一身，成就世间珍宝。西丰梅花鹿全身都是宝，鹿茸生精补髓，养血益阳；鹿

鞭补肾壮阳，延缓衰老；鹿肉营养丰富，"肉中之最"。西丰也正是以此为依托，打造出了一条全国范围首屈一指的梅花鹿养殖全产业链，成为全国最大的鹿产品集散地和世界鹿产品加工贸易中心，国内外鹿茸50%都在西丰加工经销。2009年，"西丰鹿茸""西丰鹿鞭"被国家质量监督检验检疫总局批准为地理标志保护产品。2014年，西丰被国家林业产业联合会授予"中国鹿业产业第一县"称号。

目前，西丰生命健康产业园区共有鹿产品加工相关企业29家，东北参茸中草药材市场有各类鹿产品经销户约200家，年加工和经销鹿茸及鹿副产品800余吨，年产值18亿元。近年来，国内著名企业东阿阿胶、茅台健康产业集团等落户西丰，和辽宁鹿源、鹿宝堂、广丰鹿业、吉源鹿业等多家鹿业龙头企业形成产业集群。主要鹿产品有保健酒系列、鹿茸片系列、鹿鞭糕、全鹿糕、鹿胶糕、全鹿大补丸、鹿茸血颗粒等。其中，辽宁鹿源参茸饮片有限公司的"鹿源"品牌被评为国家著名商标，"鹿源堂"被评为辽宁省著名商标。

在市委、市政府对西丰鹿产业的重视与关心下，西丰传统鹿业与科普教育、文化创意、健康养生、旅游体验等产业正在加速深度融合，拓展鹿业多种功能延伸，丰富农村产业融合发展，一个生态、健康、数字、幸福的中国鹿乡，朝气蓬勃，欣欣向荣。

（作者系铁岭市政协委员、西丰县更刻镇党委书记）

商事制度改革之我见

沈　畅

　　常听老市场（工商）人侃侃而谈商事制度改革，强烈的责任感和好奇心促使我进行了一系列探访，从而感受改革后的沧桑巨变并为之惊叹。

"颠覆性"政策变化激活力

改革前,办照必须"验资","一址多照""一照多址"都是违法的。改革后,办理实行"认缴制","一址多照""一照多址"都是合法的。巨大的政策改革极大触动了葫芦岛市场(工商)人的神经,他们审时度势,紧紧抓住这一契机,及时联系主流媒体,悬挂条幅,通过政务访谈、发放宣传单等多种方式广泛宣传,让百姓迅速了解政策的变化,让改革的红利惠及百姓。他们抓住改革后"第一张执照"发出的时间点大力宣传,从而在葫芦岛市迅速掀起了创业、创新的热潮,各类市场主体井喷式增长。

效率的高速提升惠民生

办事效率一直是百姓最关心的话题。通过探访了解到,市场(工商)人提升效率的关键词是"压缩企业开办时间""全程电子化"。商事制度改革以来,全市市场(工商)人持续压缩企业开办时间,将法定办理时限由 20 个工作日压缩至现在的 1 个工作日,极大缩短了百姓的办事时间。在推进此项工作的过程中,市场局作为牵头部门做了大量的工作,协调公安、税务、人社等多个部门研究制定压缩企业开办时间的政策,确保了政策的落地实施。全程电子化登记对百姓来说是一项"技术活",实施起来有一定的难度,为尽快推进,市场(工商)人制定办事指南、提交材料样本、制作操作手册,在办事大厅设立自助服务区"一对一""手把手"地指导百姓通过全程电子化申请工商登记业务,并与银行合作开启"政银合作"模式,让百姓在家门口就可以办业务。通过近几年的推广,现在葫芦岛市新设立市场主体全程电子化业务已达95%以上，真正做到了足不出户即可办执照，极大提高了办事效率，节约了时间成本。

"多证合一"改革结硕果

过去，办完营业执照还要再去相关职能部门办理各种备案手续，通过探访了解到，2015年我市开始实施"三证合一""五证合一"，直到现在实施"三十二证合一"，并随着国家改革的步伐实施动态管理，把更多的事项合并到与营业执照一同办理，极大方便了企业。这项政策涉及多个部门，推动起来很有难度，市场（工商）人把责任抓在手上、记在心里、扛在肩上，及时与各个部门会商，确定各单位职能，并提交市委、市政府常务会议确定实施。从购买设备、调试系统，再到模拟实验，他们一步一个脚印，扎实推进，极大惠及了百姓，推动了全市经济发展。

一系列的商事制度举措结出了累累硕果，尽管近年来经济下滑、疫情等因素对经济造成了一定影响，但我市市场主体数量逐年增长，截至2021年10月底，全市共有市场主体254443户，较2013年同比增长111.58%，认缴注册资本4729亿元。据2020年商事制度改革调研问卷结果显示，全市群众对商事制度改革非常满意。

（作者系葫芦岛市政协委员、葫芦岛市恒泰热力公司总经理）

"找我办"真办事

王　健

　　我是一名政协委员，也是大连市西岗区营商环境民主监督员。通过参加西岗区政协组织的营商环境建设专项视察和协商活动，在对西岗区优化营商环境工作进行明察暗访过程中，我听到了不少企业和群众的声音。

　　前不久，西岗区珠江汽车出租公司因股改问题导致公司营业执

照无法延期。这一情况不仅影响企业的正常经营，还将影响近百辆出租车的运营。情急之下，公司负责人来到西岗区行政审批服务大厅进行咨询。让企业负责人惊喜的是，没过几天他就接到通知，顺利办理了营业执照延期手续，所有难题迎刃而解。

西岗区行政审批服务大厅的工作人员告诉企业负责人，为落实大连市"找我办"工作要求，西岗区出台了《推进行政审批类政务服务事项"找我办"工作实施方案》，对办理事项的响应时间、部门协同联动的工作机制、事项办结后的跟踪回访等全过程进行明确，给"找我办"真正授权、赋能，让"找我办"能"办难事"。出租汽车公司的营业执照延期问题被列为"找我办"事项，所以在第一时间启动了相关程序。

"找我办"不仅真办事，且受理方式很灵活。大连麦德龙商场因施工手续缺失，多年无法办理房屋产权证，企业负责人找到西岗区寻求帮助。西岗区商务部门的"帮办专员"通过"找我办"协调区

住建部门为企业施工许可证进行容缺受理审批，在最短时间内帮助企业取得了不动产登记证书。

由于制度滞后和政策瓶颈，预付卡纠纷问题一直是困扰消费者的难点热点问题。西岗区通过"找我办"工作机制，由区商务部门"帮办专员"与商户和投诉人沟通。在提醒商户注意保护消费者权益的同时，希望投诉人理解商家在新冠肺炎疫情期间经营的难处。通过耐心调解，保障消费者权益不受损害，确保预付卡纠纷的解决进入"快车道"。

"'找我办'，真办事！"许多大连市民竖起大拇指，发出这样的感叹。通过"找我办"工作机制，西岗区为企业办理疑难事项开通了一条新路径。相关部门时刻站在企业角度、群众立场，着力解决企业和群众急难愁盼，以"找我办"为突破点，为市场主体健康发展助力增效，贡献力量。

（作者系大连市西岗区政协委员、大连宏盛机电设备工程有限公司总经理）

身边的"网红专家"

张兴华

　　直播间里传技术，奉献爱心系棚户，建言献策促发展，乡村振兴迈大步。在朝阳市喀喇沁左翼蒙古族自治县公营子镇有这样一个人，她是朝阳市"三八红旗手"、喀左县政协委员、县政协优秀民主监督员，她的清乐农资店被授予"百佳终端服务商"称号。她就是喀左县联欣乐柿蔬果专业合作社社长廉清娜，棚户们亲切地叫她"廉姐"。

　　今年10月，我在大棚里见到了她，她正在为棚户讲解技术，清秀的脸上写满对工作的执着与热爱。

　　廉清娜是一名土生土长的公营子镇土城子村人。农村长大的她从小就立志要改变"靠天吃饭"的现状。没经验又没技术，怎么办？学！向书本要知识，向名师讨经验。经过不懈的努力，2006年，她取得了农艺师资格。为了学习新技术，特别是在看到种植蔬菜新品种能够给农民带来更高效益时，她主动联系当地蔬菜站，在自家大棚与多家国内外知名番茄种子公司搞合作，让大棚年收入从每亩3万元增至5万元。

　　"我富不算富，大家富了才算富。"她是这样说的，也是这样做的。

　　2017年，廉清娜有了创办蔬菜合作社的念头。当她把这一想法告诉棚户们时，大家纷纷说道："廉姐，你干吧，我们都跟着你干！"

　　在棚户的认可和鼓舞下，廉清娜下定决心，牵头注册了喀左县联欣乐柿蔬果专业合作社，首批入社成员达到107人。她无偿为社员提供技术指导和统一购买生产资料等服务，当年就为社员节省农资投入10万多元，农户亩效益由4万元增长到6万元以上。同时，她又组建了一个近500人的微信技术指导群，通过开办快手直播网课传授农业技术，为农民答疑解惑，累计受众6000多人，成了远近闻名的"农业网红专家"。

　　在廉清娜看来，要实现村民共同致富，就要想办法提高农民的种植技术、提升效益，让老百姓有自己造血的功能和本领。

　　2018年10月，通过廉清娜积极争取，喀左县联欣乐柿蔬果专业合作社成为喀左县蔬菜绿色高质高效创建核心示范区实施主体，示范推广"工厂化育苗、水肥一体化、病虫害绿色防控（粘虫板、补光灯、弥粉机、生物农药）、生物有机肥应用+秸秆还田利用"技术模式100亩。通过合作社的示范，蔬菜质量明显提升。为了科学指导施肥，提高棚户的收益，她自费两万多元购置了测EC值、pH值养分速测的仪器，为周边近200个棚做了pH值与EC值的测试。每一个茬口前期，她都从选种、种植到出售一一把关，在她"一条龙"式的把关下，越来越多的棚户实现了年产增收1万元以上。

心中有理想，脚下有力量。如今，廉清娜带领她的团队坚定地走在希望的田野上……

（作者系朝阳市喀左县政协委员、朝阳市喀左县政协文史委主任）

海上往来渔　文化薪火传

李兴吉

一方水土养育一方人，一方人涵养一方特色文化。盘锦是中国最北海岸线，是辽河口文化的聚集之地，渔雁文化是盘锦地域文化的精髓。

古渔雁民间故事国家级非遗代表性传承人刘则亭这样解释渔雁和古渔雁文化："春来秋往，渔民的先人们曾经像候鸟一样不停地在海上追逐着洄游的鱼虾，所以被称为渔雁。他们在几千年的迁徙中，饱尝大自然风雨洗礼，形成了宝贵的、沉淀深厚的古渔雁文化。"他说，这些文化口口相传至今，但人类的记忆总有散失的时候，因此挖掘、抢救、保护、传承古渔雁文化意义重大。

刘则亭的家，既是盘锦市级文物保护单位——长发福网铺的旧址、盘锦中国辽河海口古渔雁文化研究基地，也是辽河口古渔雁文化遗产博物馆。

除了传颂古渔雁文化的故事，刘则亭的心还被一些老物件所牵绊着。多年来，他收集的各种锚就有 300 多口，还有樯木、船木、棕绳与海碗碎片等实物。他说，这些看上去平凡朴素的物件是渔雁文化的载体，每一件背后都有一个感人的故事，折射出的不仅是"渔雁"们艰苦的水上生活，还有他们对伟大祖国真挚的爱。

在刘则亭家的西厢房，有一口重达三四吨的大锚，他说："这是商船锚。你别小看它，它在1942—1943年间可是为我们的部队立下过汗马功劳。那时，日军在关内进行大扫荡，我军物资尤其是药品十分短缺。而营口是辽河口一带药品的集散地。爱国的'渔雁'们就是以渔船作为掩护，来往于营口与白洋淀，给战士们送去药品、盐以及其他物资。"

"还有那块石矛压舱石，"刘则亭兴奋地说，"当地居民曾经撑船救过受伤的解放军，当时船里就有这块压舱石。解放后，当年负伤的战士正是凭借这块石头认出了恩人。"

一个个老物件早已退出了历史舞台，但是它们所承载的渔雁精神永不磨灭。

（作者系盘锦市政协委员、盘锦市融媒体发展中心新闻综合频道总监）

闯出来的养鹅王

宁春祥

　　一排排整齐划一的场房、郁郁葱葱的绿树、干净有序的办公生活区、劳作忙碌的养殖工人……这是辽阳市政协委员郑福阳开办的华阳种植养殖专业合作社种鹅养殖场的景象。

　　郑福阳是锡伯族人，除了具有东北人的客气、热情、豪爽的性格外，他还具有一股锡伯族人固有的敢闯敢拼的劲儿。留学归国之后，他经过多方考察，做出了一个常人看来不能理解的决定：从事

与所学专业不沾边的种植养殖行业。他说："趁自己还年轻，希望成就一番事业。"

自从立志做一个"养鹅大王"起，郑福阳就坚信，可以凭自己的聪明才智和勤劳双手，开辟出一条属于自己的致富路。

万事开头难。作为一个之前和养殖行业毫不沾边的人，郑福阳缺少养鹅方面的经验和技术。起初，他先养了几百只本地白鹅做实验。鹅养大了，却在销售时出现问题：鹅大小不均，身上还有好多杂色，卖不上好价钱。又经过一番研究探索，他将鹅的品种锁定于省畜牧科学研究院的豁眼鹅。豁眼鹅的主要优点是食量小、产蛋多、抗病能力强、好管理。

打定主意后，郑福阳直接来到省畜牧科学研究院找到研究豁眼鹅的王教授。王教授为考验他的意志，没有直接卖给他鹅雏，而是卖给他种蛋，并答应他孵化出多少鹅雏就卖给他多少。郑福阳没有被困难所吓倒，连续3个月每天忍受着高温和蚊虫叮咬，专心在孵化室里搞孵化，终于成功引进了原种豁眼鹅。

技术问题解决了，又迎来新难题。一直以来，东北地区的鹅大多销往江浙地区。但近年来江浙地区限制水系周围发展养殖业，鹅养殖量大幅减少，这直接导致郑福阳的鹅雏大量滞销，价格直线下跌，他的创业梦即将化为泡影。

但郑福阳并没有一蹶不振，经过仔细研究，他发现四川也是鹅产品需求大省，但是由于路途遥远，东北还没有鹅雏外运四川的成功经验。

经过一番思想斗争，郑福阳决定去四川开辟一片空白的市场。功夫不负有心人。他成了第一个吃螃蟹的人，成功打开四川市场的大门，为养殖场的鹅找到了销售出路。经过几年的发展，他的合作社已站稳脚跟，社员已达30余户，取得了非常好的经济效益，社员人均年收入超过 3 万元。下一步，他将进行豁眼鹅—狮头鹅、豁眼鹅—皖西白鹅的规模化杂交育种，满足各地区的鹅种需求，增加养殖户的收益。

致富不忘本。郑福阳把自己所掌握的养鹅本领通过"传帮带"的方式手把手地教给当地的许多养鹅户，帮助他们选购育种，制定饲料配方，规范疫病防治技术，准确把握市场行情。作为辽阳市锡伯族联谊会秘书长，他热心社会公益事业，并荣获辽阳市第七届道德奖章。

现如今，在郑福阳的帮助下，越来越多的农户和他一起走向致富的康庄大道。

（作者系辽阳市政协委员、致公党辽阳市委专职副主委）

五环旗下的追梦人

徐因因

奥运第一人刘长春、六朝元老王义夫、微笑杀手王楠、卫冕传奇张宁、六边形战士马龙……这些名字曾在奥运赛场给我们带来满满的感动和骄傲。他们在不同的项目奋勇拼搏，展现绝佳的竞技状态，令国旗一次次升起，令国歌一次次奏响。他们来自同一个故乡，那就是辽宁。

东京奥运会前，有媒体对各地奥运冠军和所获金牌数进行排行统计，辽宁是当之无愧的第一名：1984 年以来的历届奥运会，辽宁

辽宁男篮全运会夺冠

运动员斩获 30 枚奥运金牌，走出 35 名奥运冠军，另有 12 名辽宁籍运动员代表其他省区市获得 13 枚奥运金牌……

今年是首个奥运会和全运会重叠的年份，辽宁健儿在国际国内两个赛场，给我们带来了更多的惊喜和突破。

酷夏的东京，27 名运动员参加了 15 个大项、20 个小项的角逐，取得了含 2 金、3 银、2 铜共 7 枚奖牌，赶超上届奥运会的成绩。马龙、李雯雯等 17 位注册在外的辽宁籍运动员也获得 3 金、2 银、3 铜共 8 枚奖牌。在这份沉甸甸的成绩单中，我们运动员的夺金项目又有新的重大突破——男子体操运动员刘洋在吊环决赛中以 15.500 分夺冠，将我省运动员在奥运赛场的夺金项目增加至 13 个大项。田径运动员朱亚明以 17.57 米的成绩获得男子三级跳远银牌，是我国运动员这一项目在奥运会上取得的最好名次……

早秋的西安，551 名运动员参加了 31 个大项、239 个小项的角

奥运会、全运会男子吊环冠军刘洋

奥运会、全运会女子赛艇冠军崔晓桐

逐，获得22金、16银、22铜60枚奖牌，圆满完成赛前制定的"金牌数超上届"参赛任务，实现了"金牌+有影响力"双战略目标。其中，"三大球"共获得5金1银6枚奖牌，引起了体育迷的关注与热议；男篮成功实现卫冕，相关视频和报道在网上总浏览量超3亿次。其他项目也各有亮点：由陈幸同、王艺迪、李佳燚组成的辽宁女乒，先后战胜了由王曼昱、孙颖莎、陈梦3位奥运冠军领衔的黑龙江、河北、山东三支队伍，首次获得女子团体金牌。在公路自行车女子50公里团体计时赛上，运动员谭佳乐意外遭遇链条脱落。在修车延误的不利局面下，辽宁队顶住压力、奋力拼搏，以领先江苏队0.316秒夺得金牌。

"辽宁运动员在赛场用青春与汗水生动诠释了奥林匹克精神，实现了'使命在肩、奋斗有我'的人生誓言。"省政协委员、省体育局局长宋凯在总结时这样说道，"我们将捍卫辽宁体育大省、强省的荣光，迎难而上，在国内外赛场为祖国争光、为辽宁添彩！"

作为曾经在赛场拼搏的体育人，我为"后浪"们感到骄傲。我

辽宁籍运动员共有43人获43枚奥运金牌

与我们的运动员、教练员一同守初心、担使命，砥砺奋进，弘扬坚持到底的辽宁精神，培养更多优秀的体育人才，在赛场内外续写辽宁体育人的荣光。

（作者系辽宁省政协委员、沈阳体育学院运动训练学院冰雪教研室主任）

海蜇联通世界

滕　铎

　　在刚刚落幕的 2021 中国（营口）海蜇节暨中国·营口国际渔业博览会、东北亚（营口）农副产品展销会上，营口市可谓收获满满。展会期间，签约项目额 7.5 亿元，线上交易金额 3269 万元，线下交易金额 2.03 亿元，国际贸易签约额 1325 万美元。

　　营口是我国海蜇的主产区，营口海蜇以肉质饱满、品质上乘闻名，是大海对营口人的丰厚馈赠，自古以来是营口人钟爱的美食，现在更成就了这座城市独有的节日，成为营口走向世界的桥梁。举办海蜇节及相关展会，打造产供销一站式平台，是营口市发展总部经济，做精做强海蜇这一营口特色产业，不断开拓全球市场的有力

举措。

营口海蜇主要品种为绵蜇和沙蜇，年繁育海蜇苗 4 亿头，年产量达 35 万吨，年产值约 30 亿元，年出口量约 1.2 万吨，创汇可达 3000 万美元，占全国总出口量的 80%。加工和出口量稳居全国第一，是名副其实的"中国海蜇之乡"。

营口不仅盛产海蜇，更拥有完整的海蜇产业链。有近 10 万营口人从事海蜇养殖、捕捞、收购、加工、贸易行业，业务遍及全国及世界各地。国内海蜇加工企业 80% 以上由营口人开办，全国大部分海蜇品牌的实际加工产地坐落于营口市。

目前，营口有海蜇加工企业、各类家庭农场、农民专业合作社等经营主体 500 余家，规模以上企业 10 余家。营口人把海蜇行业从国内拓展到国外，不仅自产自销，还把世界各地的海蜇运回营口进行加工，再远销到海内外，使营口成为全球海蜇生产、加工、贸易、流通集散整条产业链的核心。

"海蜇节"的举办，有效打开了营口市农产品的销路，推动海蜇等农业产业绿色、快速、健康发展，提升广大农户的年收入，增强百姓的生活幸福感。

如今，蓬勃发展的海蜇产业不仅成为营口市的一张名片，更成为这座城市走向世界的桥梁。

（作者系营口市政协委员、营口市水利局副局长）

河蟹抢鲜全国

朴元植

　　盘锦地处渤海之滨，辽东湾北畔，辽河三角洲中心地带，境内河渠纵横交错，坑塘星罗棋布，是辽河蟹的发源地、中华绒螯蟹的主产地之一，素有"北国水乡""河蟹之都"的美誉。

　　盘锦独特的地理环境和气候条件使盘锦河蟹味道鲜美、肉质鲜嫩、风味独特、膏满黄多，富含维生素 A、蛋白质、糖、钙、磷、

铁等多种营养物质，深受消费者喜爱。在"辽河杯"全国河蟹大赛中，"孟亮"牌河蟹、"秀玲"牌河蟹分别荣获最佳口感奖、最佳种质奖，盘锦旭海河蟹有限公司等4家企业荣获"金蟹奖"。

2007年，盘锦整合全市河蟹品牌统一注册"盘锦河蟹"商标。2018年，在中国农产品区域公用品牌价值评估中，"盘锦河蟹"品牌价值达到295.49亿元。

在20世纪70年代以前，盘锦当地曾经有过"棒打野鸡瓢舀鱼，螃蟹爬到饭锅里"的谚语，流传着"螃蟹搭桥渡唐王"的历史传说。然而，随着工业和农业现代化进程加速，河道水质污染，水利闸站层叠，切断了河蟹的洄游通道，导致河蟹资源濒临枯竭。为了挽救和恢复河蟹资源，国家级农业产业化重点龙头企业盘锦光合蟹业有限公司组织专家团队攻克了河蟹工厂化育苗技术难题，在国内首创河蟹土池生态育苗技术，蟹苗产量大幅提高，质量大幅提升，价格大幅下降，让盘锦河蟹重新回到百姓餐桌。

盘锦充分利用湿地资源，在池塘、水库、苇田养殖河蟹，并发展稻田养蟹，做到水稻不减产、大米价格高、河蟹品质好。稻田养蟹亩增效益800元以上，亩综合效益2000多元，使养殖户的腰包渐渐鼓起来。

盘锦市委、市政府把发展稻田养蟹作为实施农业产业结构调整的切入点

和突破口，先后提出了"稻田养蟹、蟹田种稻、大养蟹和养大蟹、稻蟹综合种养"等一系列发展战略，建设标准化稻田养蟹示范园区，搞好技术培训与指导、加强新品种研发与新技术推广。2021 年，盘锦稻田养蟹面积达到 85 万亩，全市一半以上稻田都在养殖河蟹，同时把稻田养蟹技术推向东北，推向全国。

目前，盘锦河蟹产业已经形成了集"优质种苗繁育、稻蟹综合种养、河蟹市场销售、河蟹精深加工"于一体的完整产业链，成为我国北方最大的河蟹交易集散地及河蟹加工出口基地，年出口量和出口创汇额居全国之首。

盘锦人用自己的聪明智慧和勤劳双手铸就了盘锦河蟹产业的辉煌。

（作者系盘锦市政协委员、盘锦市现代农业发展中心正科级干部）

蓝莓落户扎根

赵玉辉

金秋时节，位于丹东市辽东学院园艺设施与环境实训基地的小浆果大棚里，200 多棵绿意盎然的"盆栽"蓝莓长势良好。辽东学院农学院院长、教授黄国辉穿梭其间，检查基质栽培蓝莓的坐果情况。

"基质栽培是目前国际上蓝莓栽培的最新模式，提质增效的同时还能突破种植的地域限制。"黄国辉介绍说，跟蓝莓种植打交道 20 多年，每当培育的新品种有新突破，他都会抑制不住地兴奋。

多年来，黄国辉奔波于田间地头，在学校周边的果园做技术指导，从苹果、桃子再到草莓，积累了丰富的实践经验。2000 年，黄国辉去智利考察时，首次接触到当地的蓝莓产业，他判断丹东地区具备栽种蓝莓的气候和土壤条件。从此，蓝莓便跟着黄国辉在丹东落地生根。

在黄国辉的试验园里，汇聚着辽宁地区温室蓝莓种植的最新技术。不仅有栽培技术的试验，还承担着新品种选育的任务，很多都是专利品种。黄国辉告诉记者，试验园每年都会引进新品种，从栽培特性、生物学特性、抗虫抗病性、采后储藏性、口感等方面进行比较，选择优质且适宜当地种植的品种向生产一线推广。

丹东地区温室蓝莓与云南冷棚栽培蓝莓相比，成本高且成熟期晚，如果不能在 5 月前采收则缺乏市场竞争力。经过 8 年的引种试验和配套的基质栽培技术试验，科研团队使蓝莓提前到 2 月份上市。"这是主推试验的新品种 H5，也是目前北方地区最早成熟的温室蓝莓品种。今年 2 月，我们在试验点成功进行了首次采收，这在以前的北方地区是不可能做到的。"黄国辉不无自豪地说，"以前老品种 4 月能采收就很好了，如今采摘时间的提前对辽宁蓝莓发展是革命性变革。"

跟随黄国辉来到辽东学院蓝莓育种和品种组培种质资源保存室，看到一排排透明的塑料瓶里装满了一棵棵绿色小苗。"在这里进行的育种（繁苗）和种质资源保存等多项研究，在省内均处于领先水平。"据黄国辉介绍，因为对省内蓝莓产业的示范作用，2020 年，辽东学院蓝莓新品种选育及采后处理实验室被省科技厅批准为省级重点实验室。

"我们做研究就是要解决产业发展中的问题，虽然取得一些成果，但仍有很多问题需要攻克。"交谈中，黄国辉说得最多的就是"浆果产业发展是一项长期的任务，我们一定要脚踏实地、坚持不懈"。

目前，丹东已成为我国小浆果的核心产区，由黄国辉指导并推广的蓝莓栽培模式被誉为"丹东模式"，为推动乡村振兴助一臂之力。

（作者系丹东市政协委员、丹东市政协教科卫体委主任）

老雪传承情怀

张景福

一提起"老雪",沈阳人都会倍感亲切。它不是一个人,也不是一个地方,而是有着近百年传承历史的一种熟啤酒。

沈阳啤酒厂的前身是 1934 年日本人在奉天筹建的"满洲麦酒株式会社"。据日本《满洲铁西工业概况》记载:满洲麦酒株式会社第一工厂位于奉天市铁西区兴工街一段 11 号,由日本太阳株式会社建立,生产太阳牌啤酒,主要供应东北和华北的侵华日军。满洲麦

满洲麦酒株式会社第二工厂

沈阳啤酒厂

酒株式会社第二工厂位于奉天市铁西区兴工街一段 32 号，由麒麟株式会社建立，生产麒麟牌啤酒，主要供应奉天市民。两个厂设计生产能力为年产 26000 吨，主要产品是 11 度啤酒、高浓度啤酒、汽水和副产品维生素乙（酵母片）。建厂之初员工有 200 多人，后来增加至 900 多人。

1945 年日本投降后，啤酒厂停产。同年 9 月，交秋林公司暂时经营。1946 年，两厂合并为辽宁省酿造厂，继续生产啤酒，年产量 1200 余吨。因管理混乱和战乱问题，该厂于 1947 年被迫关闭。1948 年 11 月，沈阳解放。为了满足沈阳市民对啤酒的需要，啤酒厂开工并更名为沈阳解放啤酒厂，啤酒商标仍用麒麟牌。1949 年，改名沈阳啤酒厂，继续生产麒麟牌啤酒，太阳牌啤酒则改为旭光牌啤酒。随后相继创立沈阳鲜啤酒、沈阳甜啤酒、沈阳黑啤酒、红啤酒、星海啤酒、腊梅啤酒、迎春红啤酒、天池啤酒、白鹭鸶啤酒、全麦啤酒等品牌。

1954 年，沈阳啤酒厂建立了我国第一座现代化的大型麦芽车间，

雪花啤酒厂

设计年生产能力为 4200 吨。1958 年，沈阳啤酒厂在沈阳郊区建立酒花生产基地。经过几年的发展，小东农场、光辉农场、二台子 3 处酒花生产基地共达 940 亩，平均亩产酒花 96 千克。

真正的"雪花"啤酒产生于 20 世纪 50 年代。1957 年，国内知名啤酒专家组研制出一种与众不同的啤酒。当啤酒倒入杯中，其泡沫丰富、洁白如雪，口味持久、溢香似花，故命名为"雪花啤酒"。那时的啤酒可是在过年或招待客人时才舍得喝上一口的稀罕物。据记载，在 1973 年至 1974 年期间，只有在春节时，每户凭票才可供应 3 瓶雪花啤酒。

1979 年，国家轻工业部第三届全国评酒会上，雪花啤酒被评为全国优质酒。之后很长一段时间内，雪花啤酒主要用于出口。直到 20 世纪 80 年代后期，雪花啤酒才开始对涉外宾馆和部分重要机构限量特供。

随着雪花啤酒渐渐进入沈阳人的餐桌，"老雪"也有了耳熟能详且独具东北特色的"雅号"，如"闷倒驴""夺命12度""大绿棒"等，倾注了沈阳人对于这款啤酒的深厚感情。

1994年，雪花啤酒良好的市场口碑和不错的经营业绩，吸引了准备进军啤酒行业的华润集团正式入股沈阳啤酒厂，成立沈阳华润雪花啤酒有限公司。同年，沈阳啤酒厂与日本麒麟啤酒公司签订商标转让合同备忘录。

2008年9月，华润雪花啤酒（辽宁）有限公司新厂在沈阳市苏家屯区雪莲街落成。值得一提的是，华润集团将"雪花"这一品牌保留至今，并在全国各地的华润啤酒厂推广使用。

相信随着企业的发展，品牌的壮大，"老雪"的故事会越传越广。

（作者系沈阳市铁西区政协委员、沈阳市铁西区政协秘书长）

带领乡亲致富的"80后"

卢丽丽

我今年34岁，儿时家中贫穷，靠耕种维持生计。父母常教诲我好好读书，将来在城里找份体面的工作，摆脱"靠天吃饭"的困顿。大学毕业后，我找到了一份收入稳定的工作，实现了家人的祈盼。一切如愿以偿，一切都很顺利，但平静的生活总好像缺了点什么——每次回乡见到的年轻人越来越少，记忆中的田野成了荒芜的土地，上了年纪的叔辈找不到致富的途径。城里建设得越来越好了，可家乡连老样子都难以维持。一个个难眠的夜晚，一次次反复的思考，我决定回农村，用所学的知识反哺养育我的土地。

选择不是一腔孤勇。经过深入的考量，我认为农业必须与科技相结合，进行新品种和新技术的试验、示范、推广，带领大家增产增效，实现农业科技化、机械化和现代化的结合。2010年，我组织成立了灯塔市忠库种植专业合作社和忠库农机专业合作社，对接管弃管的土地进行规模化、科学化管理，推广机械化种植。合作社拿出100亩地作为试验田，通过玉米品种试验、种植模式试验解决选种难的问题；创建教学场所齐全的科技示范基地，定期聘请农业专家给社员以及周边的农户进行有针对性的培训。后续建立的科技培训基地、残疾人技能培训基地、巾帼培训基地，年培训达1000人次

271

左右……

　　合作社的红红火火也带动了相关产业的迅速发展。2017 年，我带领周边的农户开始规模化更换种植品种，种植的酒高粱每亩收益相比之前增收 300 元左右。合作社投资建立了 600 平方米的油坊、800 平方米的酒厂、3000 平方米的养殖场，打造了一条规模化、模式化、现代化产业链，做到了从产、供到销一条龙，带动了更多的农户共同致富。"带、帮、扶"不遗余力，我还创建了忠库合作社妇女互助组，为残、困户免费提供农资，并帮助他们从春种、夏管到秋收。截至 2020 年，合作社种植面积达 4800 亩，拥有农机具 56 台（套），覆盖灯塔地区 3 个乡镇 21 个村，带动农户 800 余户。

　　事业越做越大，荣誉越获越多，责任越来越重。辽阳市创业创新好青年、辽阳市农村实用技术双百人才、辽阳市"三八"红旗手、辽阳市劳动模范、全国青年致富带头人是对我成绩的肯定；省青联委员、省政协委员的身份为我提供了更广阔的平台。回顾返乡创业的11年，我没有骄傲自满，我心中有着更广阔的天地："我们要坚持科技创新，撸起袖子加油干，在黑土地的实践中构建高产、优质、高效、生态、安全的现代农业，实现传统农业向现代农业转变。"如今，合作社注册了"石城山""燕州城""天增顺"三个自主品牌，在品牌战略中全力打造规模化、模式化、产业化的设施农业产业基地。期待我们在黑土地上续写诗与远方的动人篇章！

　　（作者系辽宁省政协委员、辽阳市灯塔市忠库种植专业合作社理事长）

愿献一生绿一丘

马鸿力

　　2020 年清明前后，我随阜新市政协关注森林活动组委会成员到彰武县阿尔乡镇北甸子村开展调研。在一片森林中，一位坐在墓碑前的老妇人引起了我的注意。她在坟前摆了很多树枝，嘴里叨咕着："家里的新房子盖好了，你什么时候回来看看呀？"当地的工作人员告诉我，她叫刘玉莲，是村里老支书董福财的遗孀。

董福财生前工作照

说起董福财，当地人无不竖起大拇指，他带领乡亲们坚持20多年栽种树木300多万棵，在当地筑起15公里长、3公里宽的绿色屏障，蹚出一条"治沙、植树、养殖、修路"的致富路。

　　2015年3月，无情的病魔夺走了董福财的生命，他长眠于自己搏击一生的林海里。董福财生前忙于种树、修路，每天都会很晚才回家。那时，刘玉莲很不理解丈夫的做法。"沙丘上栽树，没一个人看好这件事，可老董却像着了魔似的，带着全家四口在沙丘上栽了一茬又一茬。"刘玉莲说，"那时的风沙真大啊，打在脸上，像刀割一样，栽下去的树苗被风吹得东倒西歪，一场风沙过后就不见了踪影。家里的积蓄都用在了栽树上，可树苗却没活几棵。老董每天必做的事就是想办法把树栽活。"

　　功夫不负有心人。就是靠着这股不撞南墙不回头的劲儿，董福财终于成功栽活了一片树林。紧接着，就是发动亲友栽树，号召全村人都行动起来。沙丘上出现了一片片绿色，董福财的脸上露出了久违的笑容。

　　"那时的我可真'傻'。"刘玉莲笑着说，"我每天跟在董福财身后，不停地挖坑、栽树，累得腰都直不起来。回家躺在炕上，身上像散了架一样。"但她知道，自己拽不回老董想要栽树、治理风沙的心。如果栽树不成功，他们全村人就要集体搬迁。"世代生活在这里，舍不得啊。老董是村支书，他想办法让全村人留在这片土地上，我没有理由不支持他。"刘玉莲坚定地说。

　　那时的日子可真苦、真累。为了偿还欠下的债务，董福财家里的粮食刚收完，就被债主拉走了一大半。丰收的喜悦还没来得及体会，心就凉了半截。那时的董福财，每天天不亮就出门，天黑透了才回家。孩子们想见他一面都不容易。直到病魔缠身，他再也走不动了，家里每天才能吃上团圆饭。

栽下的树苗长大了，村里招收护林员，儿子眼巴巴地盼着父亲能把名额留给自己，可董福财硬是把名额让给了别人。儿子因为这事儿，一个星期都没搭理他，后来还是刘玉莲劝了儿子好几天，儿子才原谅了董福财。

刘玉莲最大的愿望就是能住上敞亮的大房子。董福财告诉她，等北甸子环境变好，村里人都富起来，家里也有钱了，愿望就能实现。他说，到时候他啥也不再干了，天天陪着刘玉莲，两个人一起出去旅旅游，把亏欠老伴儿的都补回来。

现如今，北甸子绿了，村民的生活变好了，董福财却没来得及完成对妻子的承诺。

儿子终于盖起了大房子，可刘玉莲却住不惯。她每天雷打不动地回到老房子里，摸摸熟悉的家具，看看董福财的照片。拿起一把铁锹，到山上去栽几棵树。只有这样，她的心里才感觉踏实，感觉董福财似乎还在她身边。

刘玉莲和董福财

工作人员告诉我们，在彰武县，像董福财这样的治沙人不胜枚举：

——全国绿化劳动模范杨海青，将草籽撒在羊蹄子印里，让千余亩沙丘再披新绿。

——在四合城乡刘家村，共产党员侯贵凭一己之力，用 20 年时间培育出 2400 亩绿洲。

——彰武县章古台林场护林员李东魁，一个人、一匹马，风雨无阻 34 年，他看护的林场从未发生过一次火灾。

这些面对恶劣生态环境勇敢顽强的彰武治沙人，为了保卫家园，义无反顾，挺身而出，以"矢志不移、永不退缩、默默无闻、甘于奉献"的治沙精神，筑起一道道绿色生态屏障，谱写新时代防沙治沙新篇章。

（作者系阜新市政协委员、阜新市特种设备监督检验所压力容器室主任）

愿用一事解一题

宋　斌

我是本溪市政协委员宋斌，是一名法律工作者。在我多年的履职生涯中，让我印象最深刻的一件事情就是通过一件提案推动一项司法制度创新，为优化营商环境、为民营企业发展贡献了智慧和力量。

我在实际工作中发现，许多民营企业都是家族企业，缺乏现代企业管理经验，因对许多法规政策把握不准，导致一些违法行为的发生。一旦出现类似问题，企业生产就会面临困境，有的甚至因为难以维系而倒闭。而在处理这类情况时，执法部门缺乏"适当宽容"的依据，面临支持企业发展与责任追究之间的矛盾和压力。

为此，我在今年年初召开的本溪市政协十三届四次会议上，提出"关于依法保障民营企业合法权益，加强法治治理，提升营商环境，建立社会监督机制"的提案，建议制定具体的容错机制或商议机制，并建立社会监督机制，由第三方进行社会监督。这样既能保护民营企业的健康发展，又能保证法制的公平正义。

这一提案被列为本年度本溪市政协重点促办提案，由市司法局、市中级人民法院、市人民检察院承办。提案引起承办部门高度重视，

多次与我沟通情况，分析问题，认真采纳提案中的建议。本溪市中级人民法院制订了依法保障和服务民营企业健康发展工作实施方案，对经济纠纷和经济犯罪进行严格区分，防止将民事责任变为刑事责任。依法公正审理涉及工商管理、税收、城市建设等有关行政机关行使职权的问题。对社会管理、重大涉及民营企业的行政处罚案件积极邀请人大代表、政协委员旁听庭审。

结合提案建议，本溪市人民检察院制订并实施《本溪检察机关涉非公经济案件立案监督和羁押必要性审查监督常态化工作方案》，会同市中级人民法院、市公安局等13家单位联合制定《涉罪企业合规考察制度实施细则》。据了解，这项工作目前仅在大连和本溪进行试点，具有良好的示范效应。

具体制度出台后，在类似案件办理中，相关部门严格按照制度要求到企业细致了解经营现状，经过综合研判后对企业开展合规考察，确定最终处理结果。截至目前，相关部门已按新规定处理此类案件 5 件，另有 2 件正在考察中。

对涉罪企业合规考察制度的实施对于优化民营经济发展环境意义重大，特别是对于培育壮大"新字号"更是意义深远。这是贯彻新发展理念在司法实践中的具体体现。

（作者系本溪市政协委员、本溪市玄同律师事务所主任）

大国重器　以身铸之

方文墨

　　我是沈飞子弟，家中三代都是沈飞职工。在沈飞大院里长大，常常听人提起顾总师，有时崇敬，有时赞叹，心想，这一定是个大人物，不知道以后能不能遇到。18岁的我从沈飞技校钳焊专业毕业分配进入沈飞公司工作，成了真正的沈飞人，我才知道了顾总师是谁，才懂得了小时候大人们的情绪。2021年11月3日，2020年度国

两院院士顾诵芬

家最高科学技术奖颁授给顾诵芬院士。那天，所有沈飞人都心潮澎湃。

沈飞 1951 年成立，经过几代人几十年薪火相传、不懈奋斗，先后研制生产了 40 多个机型、8000 余架飞机，被誉为"中国歼击机的摇篮"。通过仿制米格–17 飞机，推出中国首架喷气式歼击机——歼–5，标志中国跨入了喷气时代；推出第一架喷气歼击教练机，开创了我国自行设计飞机的先河；自行成功研制歼–8 飞机，创立了我国自主设计制造歼击机的里程碑；制造出中国首架舰载战斗机歼–15飞机，助推中国迈进航母时代，奠定了中国在世界的大国位置。

大国重器的辉煌是沈飞人的骄傲，是沈飞人对国家赤胆忠诚的真实写照。在那个什么都靠手工的时代，劳模陈阿玉、林兆成靠着钳子、钻子、磨具等简朴的工具，硬是把歼–5、歼–6、歼–7、歼–8"打磨"出来；工人金连佐一家四代 28 人在沈飞工作，他们在沈飞工龄累计达 701 年；动力处电话班班长刘义新一家三代 17 人在沈飞工作，"献了青春献终身，献了终身献子孙"。号称中国飞机设计一代宗师的徐舜寿，在极端困难的条件下，带领平均只有 22 岁的设计人员设计了中国第一架喷气教练机，同时参加了歼–6、歼–7、歼–8等机型设计工作；"焦裕禄式的好干部"总工程师高方启是位工作狂；在歼–15 舰载机试飞成功之时，罗阳却永远倒下了。这 3 位同志将自己的生命贡献给大国重器！歼–8II 总设计师、两院院士顾诵芬任总设计师时，为了解决飞机超音速飞行振动问题，坐歼教–6 飞机三次升空跟踪观察，完全置自己的生死于不顾……

在我们这个时代，飞机制造工业技术已经很先进，很多零件都可以自动化生产了。但是，有的战机零件因为数量少、加工精度高、难度大，还是需要手工打磨。我所在的标准件厂生产的零件就好比是把飞机成千上万个零部件连接成为一个整体的"黏接剂"，我所在的这个钳工班就负责为这些"黏接剂"做最后一道手工精密加工。

沈飞人知道，自己的工作是"一手托着国家财产，一手托着战友生命"，这不仅是一份荣耀，更是一份责任。在 17 年的工作生涯中，工作的高要求促使我在实际操作中不断总结经验，先后解决了生产方面诸多瓶颈问题，获得多项国家发明专利和实用新型专利，"0.003 毫米加工公差"被命名为"文墨精度"。2013 年 5 月 4 日、2016 年 4 月 26 日，我先后作为优秀青年代表和劳动模范代表，两次受到习近平总书记的亲切接见。

　　这些成绩和荣誉激励我继续前进，顾诵芬院士获得国家最高科学技术奖带给我鼓舞，航空博览园里那些档案带给我鞭策。我们赶上了重视技能人才的时代，近几年全社会大力弘扬劳模精神和工匠精神，使我们有了施展才华的广阔天地，沈飞的高技能人才中不少是"80 后"和"90 后"，近 10 年共有 58 人获得市级以上技能大赛前 3 名，其中年龄最大的 40 岁，最小的 26 岁，平均年龄 30.5 岁。2018 年，沈飞实施了股权激励，享受股权激励的技能人员有 24 人，占享受这一待遇的职工的 30%；享受技能专家津贴的技能人员有 49 人。

　　从航空卫国，到航空报国，再到航空强国，沈飞人的初心和梦想同国家命运紧密联系在一起。顾诵芬院士始终关注中国航空事业前行的方向，矢志不渝地在最新科技前沿探索。我们只要肯吃苦、耐得住寂寞、刻苦练习、钻研技能，就可以用技能的精度改变人生的高度。大国工匠为国铸剑，是长年累月的勤学苦练，是默默无闻的执着坚守，是甘愿燃烧自己照亮心中的理想和信仰。

　　[作者系辽宁省政协委员、沈阳飞机工业（集团）有限公司钳工]

283

一片冰心在紫砂

何凤芝

"有人说，世界上只有一把紫砂壶，它的名字叫宜兴，但我要说，还有一把紫砂壶，它的名字叫喀左。"说这句话的人叫徐振海，来自朝阳市喀喇沁左翼蒙古族自治县一位陶艺设计师。他说："喀左的紫砂壶并不逊色于宜兴，工匠们用一把把精美的紫砂壶捍卫着喀左作为'北方陶都'的尊严。"

紫砂泥俗称"五色土"，是制作紫砂壶的原料，一把壶的好坏，不仅看工艺，还要看原料。喀左县有着极其丰富的紫砂矿产，在宜兴紫砂矿日益枯竭的情况下，喀左现已探明的紫砂矿储量达10亿吨，这为喀左紫砂壶产业发展提供了强有力的原料支撑。

1996年，徐振海从鲁迅美术学院毕业，回到家乡喀左，进入了装修行业。他凭借独特的设计理念和完善的管理手段，生意越做越大，越做越火。当时，喀左县的紫砂产品已经小有名气。但徐振海发现，喀左当地的紫砂也就做做花盆等低端产品，根本卖不出价钱，精明的宜兴商人从喀左买紫砂矿，1吨原料不足300元，运回宜兴做成紫砂壶，卖到上万元。人参卖成了萝卜价，这让徐振海扼腕叹息。

"不能再继续糟蹋喀左的紫砂矿了。"徐振海下定决心，入主紫砂壶产业，要让家乡的紫砂产品卖到它应有的价位。当亲朋好友听说徐振海

匠人徐振海

不干装修要干紫砂壶，都说他"脑子进水坏掉了"，但徐振海不为所动，毅然决然地投入到紫砂产品中。

"对我来说，紫砂壶是有生命的、独一无二的艺术品。"这是匠人徐振海对紫砂的独特追求。凭借着这份匠人之心，2013年，徐振海的作品《海魂》在首届中国紫陶设计大赛上获银奖；2018年，紫砂阻燃环保墙泥项目被辽宁省工业和信息化委员会评为2018年"专精特新"产品技术，荣获第四届"中国创翼"创业创新大赛创翼之星奖；2021年他被评为"辽宁工匠"。

告别粗制滥造，走向精益求精。徐振海将喀左紫砂贴上了艺术的标签，提升喀左紫砂壶品位的同时，也提升了喀左紫砂的价值，提高了喀左紫砂在全国的影响力和知名度，将"五色土"变成了"软黄金"，吸引全国各地人到喀左县考察学习。

在徐振海的带动下，越来越多的紫砂工匠投入到精品制壶的行列，徐振海的企业也做大做强。如今，在紫砂墙泥的基础之上，徐振海又相继开发出多种紫砂产品并形成规模生产。他成立了玉龙紫砂厂，主要生产紫砂花盆、花瓶、酒具、餐具、电饭煲内胆、文具、雕塑、紫砂文化墙砖等日用陈设工艺产品，初步实现了紫砂产品产业由手工艺生产向规模化、工业化生产模式过渡，促进紫砂产业转型升级，实现紫砂工业产业化。

为了集众家之所长，强一县之产业，徐振海设立了大师工作室，为国内外的书画家、雕塑家提供创作雅室，吸引更多"工匠"来喀左创业，让喀左紫砂产业这张亮丽的名片叫得更响！

（作者系朝阳市政协委员、喀左县中心医院门诊部主任）

千年之约燕州城

施晓娇

几滴小雨落在汽车前挡风玻璃上。车上的一位画家和一位作家正要前往燕州城，准备用手中笔去描绘燕州城的样子，去记录燕州城的故事。

画家李如彪说："画了这么多年古迹，却没有细致地去画这座山城。现在，我急于去画，是听说政府要维修燕州城了，我想把它的沧桑感和原汁原味儿用画笔记录下来。""是啊，燕州城是我国东晋至隋唐时期地方民族政权高句丽的山城，距今1500多年，是辽阳历史的有力见证，也

287

是中国石筑山城的杰作，值得仔细写一写。"钟素艳接过话茬儿。

燕州城下，李如彪一直走在前面，不时停下来拍照，以补充肉眼观察的疏漏。钟素艳则独自坐在山顶上，远望太子河水冲出坝口，泛起一层层白烟。想必此时的她心中想的是这里不仅是高句丽山城物资供应的渠道，更是一条生命的通道、历史兴衰的通道……

辽东山地与太子河冲积平原接合部、太子河流出山地的大曲折处北岸，是灯塔市西大窑镇官屯村城门口自然屯。燕州城就在村东的龟山上。在海拔 200 米的东龟山下，一块石碑像身份证一样记载着：1963 年 9 月，燕州城被辽宁省人民政府公布为省级文物保护单位。

燕州城是古战场遗址，这里曾经发生过一次关乎国家命运的重大战事。公元 643 年（唐贞观十七年），高句丽联合百济进攻新罗，新罗派使者上报唐王朝。唐太宗谕令高句丽罢兵，高句丽拒不服从。公元 645 年（唐贞观十九年），唐太宗御驾亲征高句丽，在攻下辽东城（辽阳城）后，进军白岩城。次日，高句丽从乌骨城（凤凰城山城）调兵万余支援白岩城，唐军以劲骑八百大破高句丽援兵。随后，李勣攻打白岩城西

南，唐太宗亲自指挥攻打西北。因为燕州城城高地险，粮草充足，久攻不下。激战中。右卫大将军中箭，唐太宗亲自为其"吮血"。将士闻之，莫不感泣，都誓死拼杀。城主孙代音见唐太宗御驾亲征，知道难以抵御，于是投降。历史上有名的白岩城之战，以唐军获胜而告终。之后，唐太宗改白岩城为"岩州"，任命孙代音为刺史，白岩城终于回归中央政府管辖。

燕州城山城分内城与外城，外城依山势砌筑，内城筑于城的最高处。整个山势东面最高，西南最低，由上而下呈"簸箕形"，被称作"簸箕形山城"。因为筑墙手法独特，砌功精细，原有燕州城保存较为完好。伪满洲国时期，将北墙中间和东墙东南端各拆开一个大豁口。南墙东端石壁于 1963 年被部分村民拆除约 38 米，西起第二个马面，顶石拆去一半，东壁墙面几乎被拆除到底。

我是上缸窑村人，儿时曾多次登上这古老的山城，却不知这坚不可摧的城墙已像不堪重负的老人，而村民在城内从事放牧、植树等农牧业活动，更是不同程度地影响了对山城的保护。

近年来，在各级政府的共同努力下，燕州城已全面维修完毕，周边进行了绿化，山脚下大片的薰衣草像紫色的云霞，托起寂然静卧的山城残垣。同时，燕州城迎来了像李如彪、钟素艳这样热爱家乡的文艺工作者，用他们独有的方式记录下山城的今昔对比。不久之后，将会有一本名叫"我的襄平我的城"的书问世，在书中可以找到燕州城的文图，每一幅画、每一篇文章都融入人们对辽阳文化的挚爱情感。

如今的燕州城已经成为人们休闲健身的好去处，迎来八方游客。虽然上山的路依然崎岖，脚下布满大大小小的石块，但是人们静观墙体，可以猜测着它经过多少兵戈攻打、多少岁月抚摩、多少风雨侵蚀。在这里，人们恍惚看到石块上斧凿的火花和滴下又洇晕开的汗水。

这里是我的家乡——燕州城，我在这里等候你。

（作者系辽阳市政协委员、辽宁法云律师事务所主任）

井井寮焕新生机

马 斌

    百年文保，焕发新生！井井寮旧址位于辽宁省鞍山市铁东区五一路58号，旧址建成于1920年，由"东京建物会社"建造。

    井井寮旧址建筑外观受19世纪中叶到20世纪初期安妮女王建筑风格影响，是鞍山转型为近代钢铁城市进程中早期受到西式建筑影响的实例。井井寮既使用立面由线山花与清水红砖墙结合的典型特色，亦使用了清水、混水砖墙组合与简化的方窗、拱窗组合，红白相间。同时，简化的立面装饰也可以看到新建筑思潮的影响。

井井寮在解放以后长期作为职工宿舍使用。改革开放后，井井寮再次焕发青春，以后历经多种使用功能变更，不断地为鞍钢职工以及鞍山人民服务。

作为鞍钢最早一批职工居住建筑，井井寮是鞍钢早期工业遗产区重要组成部分，是100年来鞍钢职工为了鞍钢的发展自强不息的见证，也是凝聚了鞍钢以至鞍山城市集体记忆的载体，更是一代又一代鞍山人心目中的重要回忆，已成为鞍山地区地标性建筑。

近年来，井井寮成为更受政府、国家关注的重点不可移动文物建筑。2009年7月，被鞍山市人民政府公布为市级文物保护单位。在第三次全国文物普查工业遗产专项普查中，被列入工业遗产名录。2014年10月，井井寮旧址被辽宁省人民政府公布为省级文物保护单位。2019年10月，经国务院核定公布为全国重点文物保护单位鞍山钢铁厂早期建筑之一。

作为从事工业遗产研究的市政协委员，自2015年起，我开始关注鞍山市工业遗产及工业旅游方面相关的问题，便将井井寮作为重点研究对象之一。起初对井井寮进行基础性测绘工作，并发表相关学术论文，得到了一定的基础成果。此后，深入挖掘鞍山市工业旅游相关资源，借鉴

其他城市优秀经验，寻找最适合鞍山市的工业遗产保护再利用途径，在此过程中完成省、市级科研相关课题16项。2020年，我与天津大学徐苏斌教授和张威副教授共同合作，完成了《全国重点文物保护单位鞍山钢铁厂早期建筑——井井寮旧址保护修缮工程设计方案》，该方案于2021年通过国家文物局验收，下一步将协助相关部门对井井寮进行保护和修缮工作，将其与鞍山本土文创产业结合使其充分利用。

未来，将对外部修缮完成后的井井寮进行内部改造，可考虑将井井寮改造成文创产品展示基地、鞍山本土文化展示基地、历史纪念展示基地、教育研学基地、休闲服务业态风貌、民宿或艺术工作室业态风貌等。改造后的井井寮可利用其市中心地理位置优势，借助工业旅游焕发新生。

（作者系鞍山市政协委员、鞍山师范学院美术学院科研副院长）

软枣猕猴桃的"春天"

张明瀚

2008 年的一次野外资源调查中，我无意间发现了一株长势旺盛、果实硕大、口感极好的软枣猕猴桃树。软枣猕猴桃不但拥有较好的保健作用，而且具有一定的药用价值，如将这一优良品种实现产业化栽培，一定能具有市场价值，惠及更多农户百姓。经过无数个不眠之夜，克服了重重困难，北林农业研究所的技术团队终于攻克了技术壁垒，软枣猕猴桃从种苗繁育驯化、大田生产种植、栽培技术管理到病虫害防治，实现了从野生资源到产业化栽培的跨越，丹阳 LD133 野生软枣猕猴桃通过了省林木品种审定委员会的审定。截至目前，研究所已发展成拥有以野生软枣猕猴桃为主的各类种苗研发、生产与示范基地达 1200 多亩，年育成各类优质种苗的能力超 1000 万株，打造出东北亚最大的软枣猕猴桃物种繁育基地。我们的成果引起了中科院武汉植物园研究所的关注和青睐，2017 年双方携手合作，共同建立了东北亚软枣猕猴桃遗传育种中心，依托丹东丰富的软枣猕猴桃资源优势，开展软枣猕猴桃新品种选育，提升软枣猕猴桃的种植技术。这一科技平台的搭建，为北林研究所提供了品种繁育的资源优势，为农户脱贫、增收、致富提供了有效技术支撑。2019 年，中科院武汉植物园又在北林研究所设立了丹东北林农业软枣猕猴桃专家工作站，充分发挥专家工作站以点带线、以线带面的辐射效应，

选好科研课题和研发项目，以研发为重点，以市场为导向，以创新为驱动力，致力于打造丹东软枣猕猴桃全产业链，实现产业的优化升级。

几年来，北林研究所用科技助力扶贫，为丹东地区汤山城镇佛山、榆树、龙湖 3 个村共 94 户建档立卡的贫困户赠送优质的丹阳 LD133 软枣猕猴桃种苗 8164 株，并进行了多种方式的技术培训；对居住在丹东农村的 29 户贫困归侨实施了产业扶贫，赠送优质种苗 1000 株，同时将技术服务送到户，并签订果品回收合同，消除贫困归侨的后顾之忧；为汤山城、边门、沙里寨 3 个镇 12 个村共 1589 户农户，赠送优质种苗 14960 株。为渴望增收、脱贫致富的农户创造出了 1000 余万元的经济效益。

能够在艰苦寂寞的环境中坚守在农村，源于对农业的热爱以及对农民的感情，作为一名农业科技工作者，我要始终保持改变农村现状、实现农民增收的初心，永远拥有农业情怀。让田间充满希望，让农民露出笑容，是我人生不断前行的动力。

（作者系丹东市政协委员、丹东市北林农业研究所所长）

这里的地瓜有啥不一样

汤福明

营口市鲅鱼圈区芦屯镇小望海村占地面积 9.8 平方公里，哺育着2300 多名村民，这里沙土土质疏松，气候环境适宜，特别适合地瓜生长。小望海村种植的地瓜细腻无丝、香甜软糯，深受十里八村村民的青睐。

立足资源谋发展

47 岁的汤晓明是土生土长的小望海村村民，当年他所在的小望海村是鲅鱼圈区经济比较落后的村子。在他的印象中，老一辈人经常念叨一句绕口令："小望海村有'三宝'——黄泥、沙子、抓根草。"没有别的出路，勤劳质朴的村民们只能扎根沙土地种植地瓜。

汤晓明 9 岁那年，中共中央印发《当前农村经济政策的若干问题》（简称"1983 年中央一号文件"），营口地区首先从种植业开始实行家庭联产承包责任制。"那个时候，我家分到 20 亩地，这些土地都用来种地瓜，不仅可以解决全家 6 口人的温饱问题，还可以把大部分地瓜拿出去卖钱。"汤晓明说道。

1987 年，汤晓明家中收获约 5 万斤地瓜，年产值超过 1 万元。也是这一年，小望海村全村地瓜产量约 200 万斤，年产值超过 40 万元。从扎根土地种植到走出村子销售，于汤晓明而言，与地瓜"打交道"的日子交织着辛酸与欣慰。

精深加工创品牌

2009 年，小望海村开始认真研究地瓜的长远发展，先后前往山东、河北等地引进地瓜新品种。此后，小望海地瓜在传统的"696"之外又增加了"腾飞""西瓜红""燕薯 25"等品种，村民可以根据喜好选择自己认可的品种种植。这一年，全村地瓜年产量增加至 400 万斤，年产值超过 320 万元。

通常情况下，重量为 0.5 斤到 1 斤的地瓜比较受欢迎，超出这个重量范围和存在些许瑕疵的地瓜"身价"就会下跌。为解决这种价格上的巨大差距，村里决定立足本地特色资源拉长产业链。将瑕疵地瓜回收加工处理制成粉皮和粉条，既可以让村民增加收入，又能够提高全村的经

济效益。2018 年，村里将原有的粉坊改建成为粉皮粉条加工厂，收购村民家中的"超重"和"带伤"地瓜，还组织加工技术人员奔赴山东、河北等地学习粉皮和粉条的制作技术。

2019 年，小望海村注册了自己的品牌"鲅农小望海"，搭上了互联网经济的快车，借助电视、网络、直播等方式进行宣传。这一年，"鲅农小望海"系列产品成为享誉全国各地的明星产品。去年 5 月的一次推介，小望海粉条又成了网红食品。

产业融合促振兴

如今，小望海村的第一产业地瓜年产量达到 600 万斤，年产值约 1200 万元；第二产业粉皮和粉条总年产量约 4 万斤，年产值超过 80 万元。凭借"鲅农小望海"系列产品铺出"致富路"，小望海村的经济收入已经迈入鲅鱼圈区乡村的前三名。

乡村振兴，产业是基础。有了产业，村民才有人气，发展才有底气。小望海地瓜作为经济发展"地基"，推动了第二产业和第三产业融合发展，不仅实现了经济振兴，还实现了生态和文化振兴。2018 年，小望海村农乐园作为该村第三产业呈现在大众面前，初步形成"乡村+基地+农户"的生产模式，成为农业经济增长的新型产业。这里集民宿、采摘、村史馆、种植认养、花海景观、生态农场、亲子乐园、游客体验中心等 8 个板块于一体，重点围绕"旅游+体验"项目，将游客体验作为核心，推动产品开发和推广，帮助从城市来此"打卡"的游客实现"采菊东篱下，悠然见南山"的田园梦想。2019 年，小望海村农乐园被评为全省首家以农业为主体的国家 3A 级旅游风景区。

现在的小望海村正在制订和完善旅游发展总体规划，形成以河东、河西、鹊鸣湖、龟石滩四个区域和沿沙河经济带为主体的"四区一带"，小望海村也将成为鲅鱼圈区集山河湖海于一体的亮丽乡村旅游名片。今年，小望海村成功入选由国家文化和旅游部发布的全国旅游重点村名单。

依托具有独特优势的地瓜资源，小望海村拉长深加工产业链，撬动起产业发展的"大杠杆"，构筑一、二、三产业协调发展的立体化格局，书写出乡村振兴的新时代壮丽篇章。

（作者系营口市鲅鱼圈区政协委员、营口汤派印象婚庆传媒公司总经理）

大连冰山集团的"突围"之路

陈耀东

　　从国有独资公司转变为国有、外资和管理层共同持股的股权多元化企业，到搭建企业内部激励与约束的长效机制和有效制衡的法人治理结构，再到建立完善经营团队公司的进出机制，大连冰山集团有限公司走出了一条独具特色的东北国有企业改革之路。

　　拥有91年历史的"老"冰山在突围后焕发了新活力。作为多元化投资主体的混合所有制企业集团，冰山现拥有出资企业42家，其中2个上市公司、18个合资企业、22个内资企业。2020年，它的总资产达到136.9亿元，实现营业收入111亿元，利润6亿元，连续17年入围中国机械百强企业。2021年，冰山1家出资企业在科创板上市，3家出资企

业被工信部评定为"专精特新"小巨人企业……

一路走来，却非坦途。

随着传统市场加快去产能、调结构，原有产品逐渐进入衰退期，企业后劲严重不足，冰山概莫能外。

痛则思变。以供给侧结构性改革为主线，以混合所有制改革为突破口，冰山深入推进转型升级战略，不断寻找企业成长的"二次曲线"。

2008 年，冰山集团推进了混改 1.0 版，解决了法人治理结构不完善、决策层和经营层不分等问题。

2015 年，在企业转型升级的关键时期，冰山集团推进了混改 2.0 版，扩大了包括研发、管理人员和业务骨干在内的经营团队持股范围和持股比率，形成了企业内部激励与约束的长效机制。更加科学有效的决策和规范透明的管理，进一步激发了企业想干事、干成事的内生动力。

2020 年，针对经营团队持股人员中退休和不在职人员多、持股比例高的问题，企业推进了混改 3.0 版，进一步激发了团队的积极性，使经营团队真正成为事业合伙人。

从 2008 年到 2020 年，从混改 1.0 版到混改 3.0 版，在持续深化混合所有制改革中，冰山集团实现了国有资产的保值增值。数据显示，2008 年，国资出售股权变现资金 4.5 亿元；2008 年至 2020 年，冰山集团累计现金分红 6.75 亿元，占投资总额的 90%，同时资产保值增值 1.83 倍。

看似一帆风顺，实则波诡云谲。

作为体制机制改革的风向标，国企改革牵一发而动全身。国企改革"辽宁模式"的探索与实践，有着历史溯源和旗帜引领的双重意义。突围不仅要快，而且要稳。"两个一以贯之"的提出为冰山集

301

团守好红色基因、走好改革突围路指明了方向：在集团的发展规划中落实好党的理论方针政策，在自身建设中提高企业应对市场和驾驭市场的能力。以混合所有制改革为突破口，加强冷热核心技术创新、冷热新事业新模式创业，构建以产品链为基础、以价值链为引领的冷热生态圈，发展工业互联网、生物科技、区域能源系统以及融资租赁等新事业，为冰山的未来赋能。守好红色基因，发挥党组织和党员先锋模范作用，为企业创新发展提供坚实的大后方。疫情期间，集团承担任务紧急的大连负压病房空调改造项目。"共产党员站出来"，党委一声号令，就有400名党员职工冲了上去。在临时党支部的领导下，他们仅用20天时间就完成了正常3个月才能完成的任务。

经受过阵痛，混改中突围，浴火中重生。冰山集团以其良好的示范效应成为大连片区加快推动老工业基地结构调整、探索国资国企改革新路径和促进产业转型升级的典型案例。在逆势中实现质效双升的"冰山经验",也将在实践中不断丰富,为国企混改突围提供新的路径。

(作者系辽宁省政协委员、民建省委专职副主委兼秘书长)

"国旗红"在这里诞生

杨杰民

拨开岁月的浮尘，翻开红色的记忆，一个叫作"东北化工局研究室"的地方，不仅镌刻着党领导化工科研事业的初心使命，还孕育着新中国化学工业的锦绣未来：五星红旗的专用染料在这里研制，天安门城楼的专用涂料在这里研发，抗美援朝战场上的杀虫剂在这里创制，新中国化学工业科研体系在这里初见雏形。这里就是中化集团沈阳化工研究院（简称"沈阳院"）。

沈阳院建立于 1949 年 1 月 8 日，是中国共产党创建的第一所综合性化工研究机构，新中国化学工业的奠基者。新中国成立之初，我国染料工业基础非常薄弱，仅能生产硫化、直接、碱性、冰染色基等 5 类 15 个染料品种，尤其是红色等染料的中间体及原料全部依赖进口，直到 1952 年 9 月，新中国"国旗红"专用染料才正式被生产出来。

随着 1948 年 11 月沈阳解放、东北解放，我国最大的钢铁企业鞍山钢铁公司恢复生产，大量副产煤焦油芳烃资源急需综合利用。1949 年 1 月，东北人民政府化工局决定建立直属研究室（即沈阳院前身），确定开展染料、有机颜料与中间体以及有机合成技术的研究。

猩红 G-色基，又名"旗红色基"，是冰染料中最主要最常用的色基。1950 年初，研究室受领党组织赋予的猩红 G-色基研究任务，同时确定苯胺、苯酚、甲苯胺红、硫化靛蓝等 8 项重点科研项目。从 1950 年 9 月开始，科研人员以鞍钢副产煤焦油为原料，从原料配备到还原反应，从蒸汽蒸馏到洗涤除渣，历经近两年时间千百次的试验验证，终于在 1952 年 7 月完成猩红 G-色基所需的甲苯胺原料中间试验工作。9 月，科研人员顺利完成甲苯胺硝化总结报告，并为染料工厂大量生产猩红 G-色基创造出必要技术条件，这也标志着我国自主研发生产"国旗红"染料取得了决定性的胜利。同年，猩红 G-色基、苯酚、苯胺等在吉林、上海相继投入生产。从此，五星红旗有了完全国产的专用染料"国旗红"，彻底打破了我国染料中间体完全依靠进口的局面，为新中国染料生产以及化学工业发展奠定了坚实的基础。

自建院伊始至 20 世纪 80 年代，沈阳院先后进行有关染料及中间体专题 600 余项，有 300 余项成果推广应用于生产，其中包括硫

20世纪50年代沈阳院建院初期实验室

化、直接、酸性、冰染用色基色酚、还原、分散有机颜料、助剂、中间体等合成技术，并配套研究染料加工商品化、"三废"治理、各种剂型等。2001年，原国家发展计划委员会在沈阳院建立染料国家工程研究中心。沈阳院还是全国染料标准化技术委员会挂靠单位，拥有国家认监委、国家认可委批准的染料检验实验室，负责组织并参与制定染料国家标准和行业标准。

70多年来，沈阳院出色完成国家重点科技攻关项目150余项，取得科研成果2500余项，制定、修订国家、行业标准900余项，持有效专利357项，荣获国家科技进步奖等各级各类科技奖励400余项，拥有各类型科技资质（平台）60余项，为国家化工行业及地方经济发展提供科技支撑、产业培育和人才供给。在兴化报国的科研初心中，走向细分领域的国家创新中心。

（作者系沈阳市政协委员、沈阳化工研究院有限公司高级工程师）

十五年坚持寻找烈士遗骸

王冬梅

怀揣一张地图，走遍全县 942 个村屯，查看 308 处战场，爬上 207 座大小山头，寻访 1 万余人，自己花费 2 万余元，先后在绕阳河镇、薛屯乡找到了散葬的辽沈战役烈士遗骸 130 具……张德东坚持做这件事已经 15 年了，他今年 72 岁。

退休前，他是黑山县的党史材料征集员、镇文化站站长。在长期的党史资料的搜集中，他燃起了重走革命遗址，让散葬烈士回家的心愿。退休后，他踏上了寻找烈士遗骸的艰难之旅。每天早上 4 点钟，张德东骑着自行车出门，一个馒头、一根香肠、一瓶家里的

井水，就是一天的口粮。由于不会使用网络，他只能用最原始的办法，挨个走遍每个实地场景，面对面地和当地人进行交流。"只要还能走路，我就会一直寻找下去。"张德东坚定地说。

将散葬烈士遗骸迁入陵园是一个漫长的过程。首先是确认。张德东说，附近村子里的知情人他都要先问个遍，再调查、取证，一点错也不能出。他还组织村民开展座谈会，到现场指证。确定是烈士后，他再到相关部门反映情况，让这些散葬的烈士尽快回到烈士陵园安葬。15 年间，他积攒了一箱箱一袋袋实地调查记录，密密麻麻的笔迹，清晰地记载着他的艰辛。经过他的努力，寻找到的散葬烈士分别安葬进黑山阻击战烈士陵园和小东镇烈士陵园。

每逢春节和清明节，张德东都会去各地陵园看望他找回的这些散葬烈士。他早已将这些烈士当成了亲人、朋友。每次去，他都要待上半天，和烈士们说说寻找遗骸的事，唠唠黑山的变化和发展。

除了寻找、祭扫烈士，他还继续坚持从事了一辈子的史料收集工作，并在寻找、祭扫的途中，向奋战在各行各业的人们讲述黑山阻击战的故事、烈士的故事。他由衷而自然的讲述，源于驰而不息、

笔耕不辍的史料收集和文字整理。床板下面、写字桌柜子里、木箱里，都装着他视若珍宝的文稿，手抄的史料，整理的文字材料，采访记录，还有刊登在报纸上的文章。其中，他用笔记录的万余名老人讲述的故事、撰写的 30 万字的《辽沈战役纪实》，相继在中央人民广播电台、中央电视台播出，在各大媒体上发表。这些作品让张德东获得了 150 余项荣誉。但在他的心里，黑山阻击战的故事和黑山阻击战的精神，比任何荣誉都珍贵。他希望自己走到哪里，哪里就有讲黑山阻击战故事的声音，就有烈士精神的传承。

（作者系锦州市黑山县政协委员、黑山县第一高级中学教师）

用"心"驱动未来

李靖一

改革开放初期，我国汽车工业关键技术自主研发能力十分薄弱，各汽车厂商纷纷尝试引进消化外国先进技术的发展道路。随着国家"军民一体化"政策的不断深入，国防科技工业逐步推进军民结合。在这样的背景下，沈阳航天三菱汽车发动机制造有限公司（以下简称"航天三菱"）开启了促进中国汽车工业振兴的征程。

1997年8月12日，航天三菱正式成立，填补了当时国内发动机市场的空白，令自主汽车品牌有了"心"的依靠。从沈阳发出的满载航天三菱发动机的货车每天驶向全国各地，长城、比亚迪、吉利、柳汽、北汽、奇瑞、华晨、东南、长丰……这些耳熟能详的自主品

牌车企，均有着与航天三菱的不解之缘。

2002 年，我国汽车产量超过韩国，居世界第 5 位。也正是从这个时期开始，航天三菱的订单剧增，产能逐渐难以满足市场需求。2003 年，航天三菱着手建设浑南新工厂以扩大产能。浑南工厂在 2006 年正式投入使用，这时公司具备了年产 30 万台发动机能力，并实现了自主研发的工业用发动机向美国出口。乘着新工厂落成的东风，次年又引进了 4A9 系列小排量发动机，助力开拓市场，航天三菱的产品销量节节攀升。

2009 年，我国成为全球汽车生产第一大国，汽车产量达到 1379 万辆。与前次不同，此时航天三菱没有供不应求的尴尬——迎来了第 100 万台发动机的下线。从无到有，从 0 到 100 万台，航天三菱用了整整 13 年。

2012 年，随着国民消费能力的提升以及产业政策的支持，我国民族品牌汽车销量高速增长。这一年，航天三菱的产品累计销量突破 200 万台。

从 2009 年第一个 100 万，到 2012 年第二个 100 万，3 年与 13 年，同样的百万销量历经了不同的时间跨度。之后，航天三菱以每

两年 100 万台的销售业绩不断刷新纪录。截至目前，航天三菱的汽车发动机产品累计销量已突破 600 万台，累计纳税超过 50 亿元。

近几年，随着产业政策的调整、发动机新技术的涌入、中美贸易摩擦持续升温，叠加新冠肺炎疫情冲击以及芯片短缺等因素影响，以传统内燃机为主营产品的航天三菱遭受冲击。面对困难，航天三菱按照"生产一代、试制一代、预研一代"的产品升级换代模式，大力推进企业转型升级。今年 6 月，航天三菱与国创氢能签署长期战略合作框架协议，积极布局氢燃料电池产业，为应对国家"双碳"目标下传统汽车动力的市场变革做足准备，以新姿态开创未来，用"心"动力驱向未来。

（作者系沈阳市政协委员、沈阳航天三菱汽车发动机制造有限公司办公室副主任）

白衣天使　红医芳华

宫福清

　　2020 年，因岗位调整，我到中国医科大学工作。此前，我和它并无交集。一年的时间不算长，但在这里的每时每刻，我都能感受到这所有着辉煌历史的院校的学术传承，都能感受到医大人在日常点滴中闪耀的红医精神。今年，我有幸以医大人的身份见证了它的 90 岁华诞，见证了白衣天使的红医芳华。

　　1931 年 11 月 20 日，中国工农红军军医学校在江西瑞金成立，

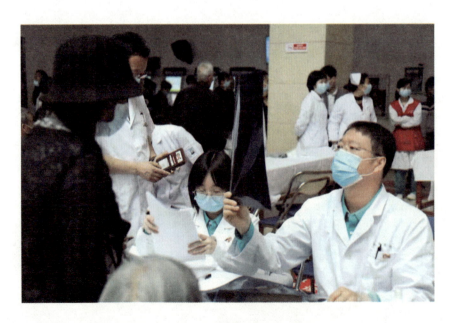

这是中国医科大学的前身。作为中国共产党最早创建的院校，中国医科大学是唯一以学校名义参加红军二万五千里长征并在长征中坚持办学且走完全程的院校。从瑞金诞生、在长征路锤炼、在延河畔成长、在东北疆场驰骋、在辽沈大地腾飞，它开启了荣光熠熠的红医传奇。

在建校90周年的特别时间点，学校启动了"新长征 再出发"大型义诊活动。在5个月的时间里，由学校师生代表、各地校友、红医联盟院校代表等组成的90支医疗队，在红军长征及中国医科大学迁徙途经的16省，包括学校办学地点、对口支援单位和辽宁全省，精选极具历史意义的100个县开展义诊，以红医人特有的方式回首来时路。

活动在于都河畔的长征渡口正式起航。江西赣州、陕西延安、新疆塔城、内蒙古赤峰、贵州毕节……义诊医疗队回到中国医科大学90年建校历程中战斗过的地方，回到一代代红医人曾经学习生活过的地方，为当地百姓提供精准、便捷的医疗服务，将先进医疗技术送入基层。义诊活动开展以来，90 支医疗队的医疗专家累计接诊 6691 人次，开展会诊 225 例，指导查房 323 次，为基层医务工作者开展学术（健康）讲座或示范教学 318 场，完成示范手术 54 台、治疗 104 例……

听说中国医科大学的专家来义诊，王大爷一早就陪老伴来到柳树店村中国医科大学旧址的义诊现场排队看病。他说："老医大的医生冒着酷暑下乡为我们老百姓看病，我特别高兴，感觉老医大人又回来了。"

"您哪里感觉不舒服？头晕吗？"

"担心以后看这个病不方便的话加个微信，有问题随时联系！"

"用这个智慧医疗系统，下次我免费给您复诊。"

……

参与义诊活动的中国医科大学附属第一医院副院长、骨科主任朱悦此前曾到延安进行为期一年半的帮扶。这次回到延安革命老区参加义诊，他感触更深："再次回到延安，我们感到十分亲切，今后

316

将继续传承和弘扬红医精神，将更多优质医疗服务、先进医疗技术送入老区，回报老区人民当年对我们母校的哺育。"

活动虽然结束了，但红医人的精神还在延续，服务基层的实践还在延续。通过义诊活动的桥梁，医疗队和基层医院建立起开展病例咨询、医疗帮扶的紧密联系：持续派出专家，长期支援、帮扶延安医院、新疆塔城医院、西藏那曲人民医院等；附属的盛京医院与建昌县人民政府签订了医联体建设帮扶建昌县人民医院的框架协议，正式开启了与建昌县人民医院对口帮扶支援的医联体合作。

以红医精神培养白衣天使，医大人生命深处烙印着的红色印记，无惧危险地"逆行"奔赴抗击疫情的战场，继续践行红医的使命担当。

（作者系辽宁省政协委员、中国医科大学党委书记）

旗袍故都是沈阳

王 静

旗袍是中国悠久绚烂服饰文化中极具特色的符号，世界各国都对中国旗袍青睐有加。上个世纪二三十年代，旗袍开始在上海流行，而后风靡全国，被定为当时女性的国服。然而，旗袍始于沈阳，很多人都不知道。

追溯历史，旗袍始于更为久远的 1636 年。皇太极率文武百官在盛京城德盛门外的天坛祭告天地，改国号清。随后，他陆续颁布宗

室王公与福晋、诸臣顶戴品级服色等制度。旗袍从此成为后妃、格格等旗人的"官服"和满汉通用服装，也成为沈阳故宫凤凰楼和盛京城里最动人的一道风景。

旗袍故都之名重回沈阳还需一番经历。

2018年10月27日，中国民间文艺艺术中心和中国民协中国起源地文化研究中心的专家莅临沈阳，就中国旗袍文化起源在沈阳的事宜进行初步调研论证。专家们一致同意启动中国旗袍文化起源地研究课题。

2018年12月21日，中国起源地文化研究中心组织专家学者在沈阳故宫召开"沈阳·中国旗袍文化起源地"论证会。论证会上，相关人士对旗袍文化课题做介绍，对申报项目进行说明，相关专家通过现场提问、答辩、阐述意见等方式进行深入交流，评审组最终进行讨论研究并签署意见书。

2019年1月12日，在北京人民大会堂宾馆第五届中国起源地文

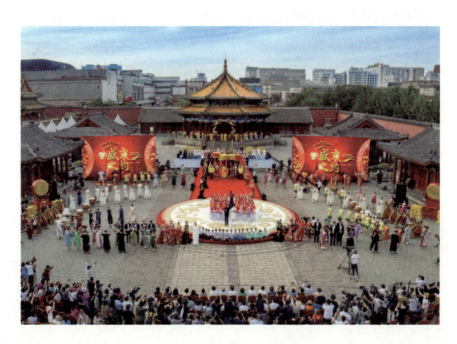

化论坛上，沈阳被正式认定为中国旗袍文化起源地。专家们一致认为，注入旗袍起源地文化基因，有利于推动中华优秀传统文化创造性转化、创新性发展，能更好地挖掘整理沈阳地域文化根脉，充分运用旗袍起源地文化资源，彰显沈阳历史文化名城的厚重感和国际文化大都市的时尚感。

为进一步挖掘中国旗袍文化的历史内涵和时代意义，保护好旗袍文化，"旗袍故都"沈阳向世界发出邀请。2019 年 5 月 24 日，首届中国旗袍文化节暨"盛京 1636——第三届沈阳国际旗袍文化节"在沈阳举行。以旗袍文化和产业发展为主题，文化节还举行了主题摄影展、起源地文化展等 30 余项文化活动，为旗袍爱好者奉上了一场空前的艺术集萃、文化盛宴。

以旗袍文化节为开端，沈阳架起了展示中国旗袍之美的文化桥梁。2020 年、2021 年，沈阳又连续举办旗袍文化节，尽显旗袍服饰之美，绽放旗袍文化之魅。在"桥梁"的带动下，沈阳的旗袍企业呈现出快速发展态势，相关的文艺创作正蓬勃发展：旗袍文化剪纸艺术作品展、旗袍文化美术作品展、旗袍文化书法作品展等精彩纷呈；长篇小说《锦绣·无衣》深度反映了中国旗袍文化在沈阳这座城市所拥有的热度、高度和厚度……

作为文艺工作者，我有幸参与了旗袍故都"回"沈阳的过程，见证了旗袍文化在家乡沈阳焕发的蓬勃生机。我衷心希望，旗袍文化的故事能走出沈阳、走出辽宁、走出中国、走向世界，成为中国故事中最温情、最华彩、最动人的乐章。

（作者系沈阳市政协委员，沈阳市文联党组成员、副主席）

这个"银行"，很行！

刘志香

　　2019 年，我在朝阳市喀喇沁左翼蒙古族自治县开展《村民委员会组织法》执法检查。公营子镇村村环境整洁、干群关系融洽，特别是这里村镇两级干部普遍思路清晰、精神振奋，令我印象深刻。基层治理向来是难点，他们怎么做到这么好？在深入的探究中，我找到了答案——乡村"道德银行"建设工程给这里带来了巨大变化。

　　"道德银行"就是比照银行储蓄形式，以家庭为单位建立"道德银行"账户，将村民道德行为予以细化量化，按照既定标准对村民的道德行为进行积分管理，存入"道德银行"。村民凭借道德积分可到爱心合作单位兑换生活用品、洗澡理发、买药看病、办理免抵押免担保贷款等。

　　这个"银行"看起来挺行。为了进一步了解情况，我和民进朝阳市委的同事先后 5 次到喀左县公营子镇、水泉镇、羊角沟镇、中三家镇的 10 个村组调研走访。我们发现，"道德银行"开业以来，村民思想有了转变，村"两委"的公信力得到进一步提升，形成"人人为我、我为人人"崇德向善之风，推动自治、法治、德治"三治融合"，有效凝聚和发挥了乡村振兴发展合力。我们将调研成果形成《关于以"道德银行"建设为抓手　积极推进朝阳市乡村振

兴的建议》。随后，朝阳市委、市政府联合下发《关于在全市乡村开展"道德银行"建设的实施方案》，要求各县（市）区采取"先行试点、逐步推进、三年完成"的步骤在全市乡村予以推进。目前，"道德银行"建设已在喀左县 22 个乡镇全面铺开，其余县（市）区则以16 个乡镇为先行试点的方式推开"道德银行"第一批次建设工作。

新开张的"道德银行"，反响也很好。"现在变化挺大，村民想事一条心，积极主动参加村里活动，大家一见面闲言碎语都少了，都是说谁家儿媳妇孝顺、谁家卫生搞得好、谁家致富搞得好，道德银行确实挺好。"当地村民李明远说。

"道德银行"还催生了志愿者队伍的发展壮大：各村纷纷依托"道德银行"组建志愿服务队，围绕扶贫帮困、环境卫生、孝老爱亲、信访稳定等方面组织志愿活动，弘扬奉献、友爱、互助、进步的志愿者精神，发挥模范带头作用，积聚道德引领力量。喀左县桥子村七组山脚突发火情，村干部通过广播喇叭发布消息后，200 余名村民志愿者自发前往灭火。在大家的共同努力下，山火被迅速扑灭，

有效避免了森林财产损失，彻底改变了以往村民观望，等待政府派人灭火的情况。喀左县水泉镇党委书记也很有感触："新冠肺炎疫情期间，多亏了'道德银行'的志愿者队伍帮咱们减轻防疫压力。在信息排查的时候，村民们发挥的作用比大数据还大呢，谁家从外地回来人了，没等公安的大数据传过来，大家都已经在第一时间把情况反映上来了。"

如今，走在朝阳的乡村，随处可以感受到文明和谐之风、诚信友善之举。以德治切入、以积分计量的"道德银行"，已经成为朝阳建设宜居乡村、提升乡村文明程度、强化农村基层治理、实现乡村振兴的关键一招。在你追我赶、互相帮扶的氛围中，村民实现了爱心和善意的流转，不断激发出向上向善的力量。

"道德银行"，很行！

（作者系辽宁省政协委员、民进朝阳市委主委、朝阳市人大常委会副主任）

后　记

　　2021 年 8 月以来，辽宁省政协开展"讲好'辽宁故事'，展示良好发展预期"界别组活动，省市县三级政协组织积极协作，各级政协委员广泛参与，取得了良好的效果。《人民日报》、《人民政协报》、人民政协网、新浪网以及辽宁省的重要新闻媒体、网站都对活动做了报道，发布了一系列各具特色的故事。本书将媒体发布的 100 个故事结集成册，公开出版。

　　在本书的出版过程中，得到了辽宁省政协办公厅、研究室、各专门委员会以及各市政协的大力支持。中国文史出版社工作人员为此付出了辛勤努力，在此一并致谢！由于编者水平有限，加之时间仓促，书中难免有疏漏之处，敬请广大读者批评指正。

本书编写组

2022 年 1 月

图书在版编目（CIP）数据

政协委员讲辽宁故事. 1 / 本书编委会编. -- 北京 ：
中国文史出版社，2022.2

ISBN 978-7-5205-3460-4

Ⅰ . ①政… Ⅱ . ①本… Ⅲ . ①区域经济发展-辽宁-
文集 Ⅳ . ①F127. 31-53

中国版本图书馆 CIP 数据核字（2022）第 014389 号

责任编辑：薛媛媛

出版发行：**中国文史出版社**

社　　址：北京市海淀区西八里庄路 69 号院　邮编：100142

电　　话：010-81136606　81136602　81136603（发行部）

传　　真：010-81136655

印　　装：北京新华印刷有限公司

经　　销：全国新华书店

开　　本：720×1020　1/16

印　　张：21. 25　　字数：247 千字

版　　次：2022 年 2 月第 1 版

印　　次：2022 年 2 月第 1 次印刷

定　　价：80. 00 元

文史版图书，版权所有，侵权必究。

文史版图书，印装错误可与发行部联系退换。